Building
Construction
Hand Book

[建築携帯ブック]

防水工事

社団法人 建築業協会施工部会 [編]

井上書院

発刊にあたって

　近年，建築業界を取り巻く環境は，コストダウンや工期短縮などが求められるなか，「住宅の品質確保の促進等に関する法律」の施行や，環境面への配慮といった社会的要求も背景にあり，あいかわらず厳しい状況が続いている。また一方で，建設各社は2007年問題といわれるベテラン技術者の大量リタイアや，慢性的ともいえる優秀な技能員不足の問題なども抱えている。

　(社)建築業協会では，今から20年ほど前に防水工事における品質確保と信頼性の向上を図るべく，不備や欠陥における調査・分析を行い，『屋根防水層の選定手法および納まりの提案』(1984年)としてまとめた。当時と比べて防水材料の種類・材質の変化とともに，施工の合理化が求められる現在，工法自体が変わってきている。しかし，以前では考えられないようなクレームも多く発生し，現実的には技術力の低下が否めない状況にある。

　防水工事は，設計・施工・材料すべてにおいて品質管理が重要であることは言うまでもないが，品質そのものが実際に施工に携わる技能員の技量や，施工管理要員のノウハウに左右される，いわゆる経験知や勘どころといった泥臭い部分も重要な要素となっている。

　本書は，防水工事における技術の継承を図り，若手建築技術者の技術力向上を目的に，いまだ後を絶たない漏水に代表される防水工事のクレーム防止に役立つようまとめたものである。本書を常に携帯し，防水工事のハンドブックとして日常業務で活用いただけたら幸いである。

　最後に，今回の出版にあたり，お忙しいなかアンケートにご協力いただき，貴重な技術データや不具合事例等を提供いただいた会員各社に対し，心より御礼申し上げる次第である。

2006年2月　防水工法専門部会

CONTENTS

- 1章 本書の見方・使い方 …… 6
- 2章 部位別クレーム事例一覧 …… 8
- 3章 防水工事のクレーム実態 …… 10
- 4章 防水工事のフロー …… 12
  - 1 計画・施工フロー …… 12
  - 2 防水工法の特徴 …… 13
- 5章 水溜まり …… 14
  - **アスファルト防水・保護仕様**
    - 1 ルーフドレンの排水不良による水溜まり …… 14
    - 2 浴室に隣接する洗面室床に発生した染み …… 16
  - **アスファルト防水・露出仕様**
    - 1 水勾配不良による水溜まり …… 18
- 6章 防水層の亀裂・破断 …… 20
  - **アスファルト防水・保護仕様**
    - 1 保護コンクリートの挙動による破断 …… 20
    - 2 コンクリートブロックの挙動による破断 …… 22
  - **アスファルト防水・露出仕様**
    - 1 構造スリットと防水取合い部の不良 …… 24
    - 2 地震等の層間変位で起きた防水層の破断 …… 26
  - **シート防水**
    - 1 保護モルタルのひび割れによる漏水 …… 28
    - 2 台風等の強風による防水層の飛散 …… 30
  - **塗膜防水**
    - 1 誘発目地の不良による防水層のひび割れ …… 32
    - 2 排水呼び溝の設置で発生したひび割れ …… 34
  - **モルタル防水**
    - 1 乾燥収縮による屋根スラブのひび割れ …… 36
- 7章 防水層の変形・膨れ …… 38
  - **アスファルト防水・露出仕様**
    - 1 防水下地の乾燥不足による膨れ …… 38
    - 2 排水側溝を設けたために起きた膨れ …… 40
  - **塗膜防水**
    - 1 防水下地の乾燥不足による膨れ …… 42
- 8章 防水層端末部・接合部の剥離 …… 44
  - **アスファルト防水・保護仕様**
    - 1 建具下枠部の納まり不良による漏水 …… 44
    - 2 水頭圧差による漏水 …… 46
  - **アスファルト防水・露出仕様**
    - 1 水溜まり部の早期劣化で生じた接合部の剥離 …… 48
    - 2 防水層貫通吊環回りからの漏水 …… 50
  - **シート防水**
    - 1 シーリング材挿入位置の不備等による剥離 …… 52

9章 防水層表面の劣化 …… 54
塗膜防水
1 膜厚不足による早期劣化 …… 54

10章 パラペットの異常 …… 56
アスファルト防水・保護仕様
1 打ち継ぎ部からの漏水 …… 56
2 パラペット部の立上がり寸法不足 …… 58
3 屋上緑化による漏水 …… 60

11章 伸縮目地の異常 …… 62
アスファルト防水・保護仕様
1 機械基礎周囲の伸縮目地の設置不良 …… 62
2 パラペット際の排水溝底目地の欠落 …… 64

12章 ドレンの不備 …… 66
アスファルト防水・保護仕様
1 ドレンのメンテナンス不良による漏水 …… 66
2 オーバーフロー管の設置不良による漏水 …… 68
3 ドレン横引き管接続部からの漏水 …… 70

アスファルト防水・露出仕様
1 ドレンの設置位置不良による漏水 …… 72

塗膜防水
1 屋内雨水排水管の詰まりによる漏水 …… 74

13章 開口部回りの漏水 …… 76
アスファルト防水・保護仕様
1 トップライトからの漏水 …… 76
2 建具回りの防水不良 …… 78
3 厨房出入口の沓摺り回りの納まり不良 …… 80

14章 その他のクレーム …… 82
アスファルト防水・保護仕様
1 ベンドキャップ周囲の防水不良 …… 82
2 屋上防水と鉄骨階段の取合い不良 …… 84
3 室内床防水層と配管貫通部の納まり不良 …… 86
4 水頭圧差による漏水 …… 88
5 仮設開口接合部からの漏水 …… 90
6 防水の未施工による漏水 …… 92

アスファルト防水・露出仕様
1 防水立上がり部の納まり不良 …… 94

塗膜防水
1 塗膜防水材の自然発火 …… 96
2 浴室床タイルに発生したエフロレッセンス …… 98

15章 付録 …… 100
1 設計・施工上の条件確認リスト …… 100
2 施工計画 …… 104
3 気象観測データ …… 106

1章 本書の見方・使い方

① 構成

本書は、メンブレン防水（アスファルト防水、シート防水、塗膜防水）工事でよく起きる43のクレーム事例について、各事例を見開きで構成し、事例→現象→原因→処置→対策→防水工事のポイントの順に解説している。
左ページには、クレームの事例写真（不具合の該当箇所に○や→で表示）を掲載し、クレーム発生の原因を解明するとともに、クレームを起こした場合の対処法を示した。
右ページには、クレームの未然防止と再発防止に向けて、該当する事例がどの段階でのチェックを必要としていたかをマーク（下記参照）で示すとともに、正しい納まりや施工上のポイントを図解した。

■マークについて

本書では、クレーム防止に向けて設計、施工、監理の各担当者が取り組む項目を明確にするために、以下のマークで分類した。

設計者・工事監理者　　施工管理者・専門工事業者

② 防水工事のクレーム実態　「防水クレーム現状調査」平成17年実施より

「防水工事のクレーム実態」は、平成17年度実施の「防水クレーム現状調査」に基づくものであり、詳細を3章（10～11ページ）にまとめた。

■総クレーム件数に占めるメンブレン防水のクレーム件数比率

総クレーム件数：21,676件
防水クレーム件数：1,268件（5.9%）
総クレームにおける防水クレームにかかった費用比率：4.3%

■メンブレン防水のクレーム発生時期　　■メンブレン防水のクレーム現象

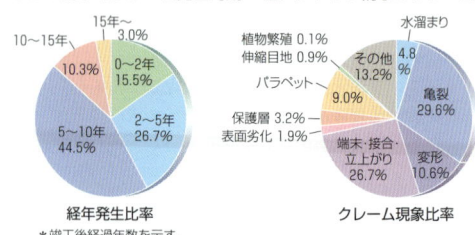

経年発生比率　　　　　　　　　　クレーム現象比率
＊竣工後経過年数を示す。

③ 防水工事の計画・施工フロー

4章では、メンブレン防水工事の計画から施工に至る各作業工程に沿って、検討・確認しておく項目を簡潔に示すとともに、各種防水工法の適用用途が理解できるよう特徴（長所・短所）をわかりやすく解説。また、巻末にはクレームの未然防止に役立つ「設計・施工上の条件確認リスト」を掲載した。

④ 防水工事のポイント

二度と同じトラブルを繰り返さないためには、クレームの原因を徹底的に解明することが必要であると同時に、設計、施工、監理のそれぞれの段階での十分な打合せと検討が大切である。施工部位ごとに要求される品質を確保するために、設計段階あるいは施工計画、施工管理、維持管理を行う上でのポイントをよく理解して、クレームの未然防止、再発防止に努めよう。

⑤ 見方・使い方

■メンブレン防水工事における技術力の向上に！

クレームの発生原因をよく理解して、設計段階あるいは施工段階で疑問に思ったら、その場で本書で確認してみることが大切。確認を繰り返すことで技術力の向上を図るとともに、正しい品質管理の知識を身につけよう！

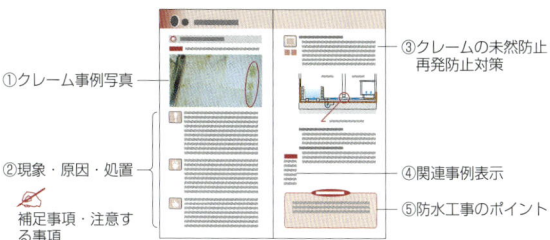

①クレーム事例写真
②現象・原因・処置
補足事項・注意する事項
③クレームの未然防止・再発防止対策
④関連事例表示
⑤防水工事のポイント

「設計図書の確認・事前打合せが大原則」

各工事の適用仕様書は、設計事務所、官公庁によって異なる場合が通常で、本書とも相違点がある。その時は、設計図書を確認し、クレーム発生が予測される場合には、発注者・設計者・工事監理者と事前に十分な打合せを行うことが大原則である！

胸ポケットには「建築携帯ブック」 これが、クレーム防止の第一歩。

2章 部位別クレーム事例一覧

よく起きる部位別クレーム事例

水溜まり
① 屋上の横引きドレン回りの水溜まり［保］
② 洗面室床面の濡れや染み、カビ臭［保］
③ 水勾配の不良による屋上防水面の水溜まり［露］

防水層の亀裂・破断
④ 保護コンクリートの押出しによる防水層の破断［保］
⑤ コンクリートブロック壁の挙動による漏水［保］
⑥ ルーフバルコニーの立上がりあごのひび割れ［露］
⑦ ALCの動きに追従できず防水層が破断［露］
⑧ シート防水のモルタル保護層のひび割れ［シ］
⑨ 台風等の強風による屋根のシート防水の飛散［シ］
⑩ 誘発目地未設置の庇からの漏水［塗］
⑪ バルコニー床の排水呼び溝設置によるひび割れ［塗］
⑫ 植栽屋根スラブのひび割れによる防水層の破断［モ］

防水層の変形・膨れ
⑬ 防水下地の乾燥不足による防水層の膨れ［露］
⑭ 屋根の排水側溝段差部の膨れ［露］
⑮ ウレタン塗膜防水の膨れ箇所の損傷による漏水［塗］

防水層端末部・接合部の剥離
⑯ 外部建具下枠の納まり不良による漏水［保］
⑰ 浴室隣接の脱衣室床カーペットの水漏れ［露］
⑱ 防水層接着部の剥がれによる漏水［露］
⑲ パラペット立上がり部に設置された吊環回りからの漏水［露］
⑳ シート相互の接着不良による漏水［シ］

防水層表面の劣化
㉑ ウレタン塗膜厚さ不足による早期劣化［塗］

パラペットの異常
㉒ 防水立上がり打ち継ぎあご部からの漏水［保］
㉓ パラペット部の防水層立上がり寸法不足による漏水［保］
㉔ 土壌の盛り過ぎによる防水層裏側への雨水の浸入［保］

伸縮目地の異常
㉕ 伸縮目地の設置不良による機械基礎のひび割れ［保］
㉖ 排水溝底の目地の欠落［保］

*図中の❶〜❹の数字は、本書のケース（事例）番号を示す。

[凡例］
保：アスファルト防水保護仕様
露：アスファルト防水露出仕様
シ：シート防水
塗：塗膜防水
モ：モルタル防水

屋上（平面）

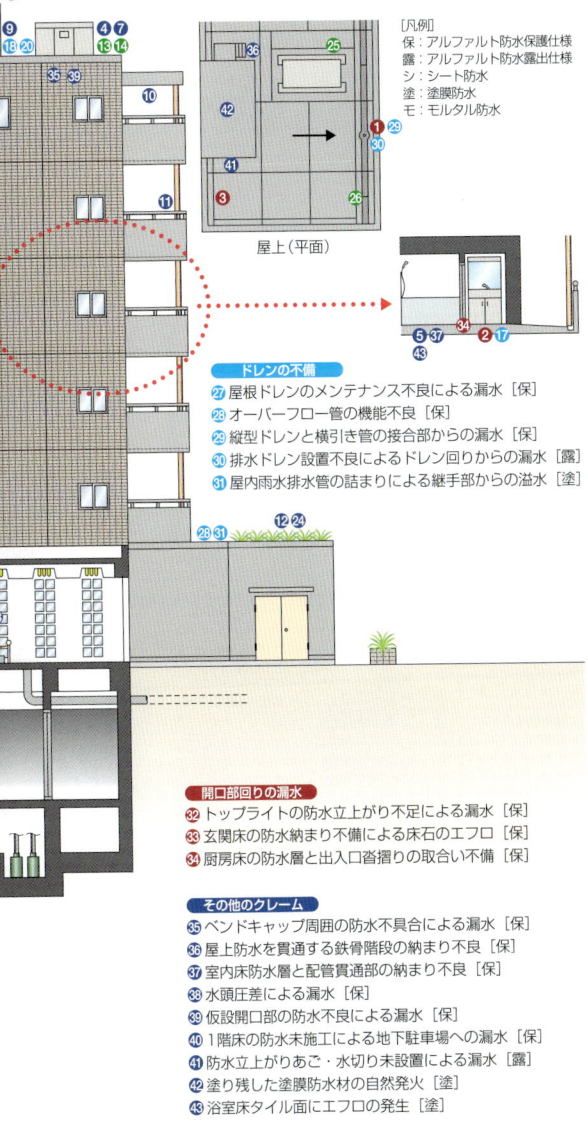

ドレンの不備
㉗ 屋根ドレンのメンテナンス不良による漏水［保］
㉘ オーバーフロー管の機能不良［保］
㉙ 縦型ドレンと横引き管の接合部からの漏水［保］
㉚ 排水ドレン設置不良によるドレン回りからの漏水［露］
㉛ 屋内雨水排水管の詰まりによる継手部からの溢水［塗］

開口部回りの漏水
㉜ トップライトの防水立上がり不足による漏水［保］
㉝ 玄関床の防水納まり不備による床石のエフロ［保］
㉞ 厨房床の防水層と出入口沓摺りの取合い不備［保］

その他のクレーム
㉟ ベンドキャップ周囲の防水不具合による漏水［保］
㊱ 屋上防水を貫通する鉄骨階段の納まり不良［保］
㊲ 室内床防水層と配管貫通部の納まり不良［保］
㊳ 水頭圧差による漏水［保］
㊴ 仮設開口部の防水不良による漏水［保］
㊵ 1階床の防水未施工による地下駐車場への漏水［保］
㊶ 防水立上がりあご・水切り未設置による漏水［露］
㊷ 塗り残した塗膜防水材の自然発火［塗］
㊸ 浴室床タイル面にエフロの発生［塗］

3章 防水工事のクレーム実態

1 防水クレーム現状調査

- ■調査対象：(社)建築業協会 施工部会所属25社
- ■調査内容：メンブレン防水(アスファルト防水、シート防水、塗膜防水)工事 ＊壁面部位・シーリング工事は除く。
- ■対象期間：平成13年4月～平成16年3月
- ■調査実施：平成17年3月
- ■回答会社：有効回答数は24社
- ■回答事例：981件

2 防水クレームの傾向

■材料工法別発生経年比率

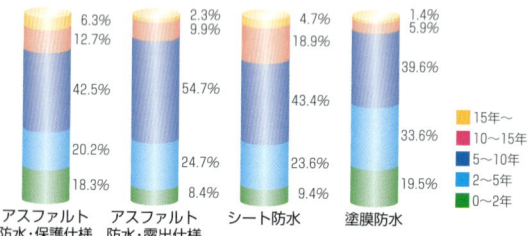

🖋 塗膜防水は、他の工法と比較して竣工5年までのクレーム発生率が高い！

■材料・工法別クレーム現象比率

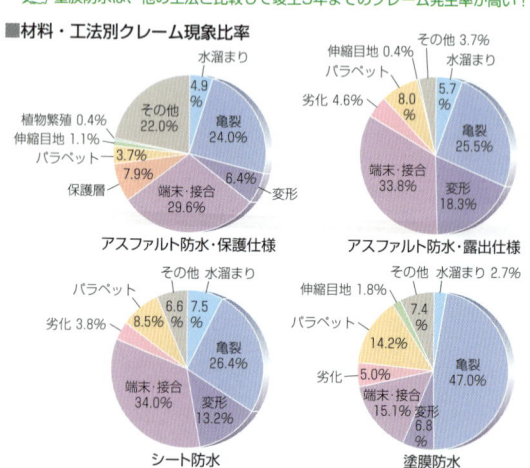

🖋 アスファルト防水、シート防水では防水層の端末部・接合部の剥離、塗膜防水では下地への追従性の影響による防水層の亀裂・破断に注意！

■発生部位別比率

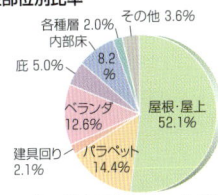

- その他 3.6%
- 各種槽 2.0%
- 内部床 8.2%
- 庇 5.0%
- ベランダ 12.6%
- 建具回り 2.1%
- パラペット 14.4%
- 屋根・屋上 52.1%

✎ 部位別では、屋根・屋上が過半数を占め、なかでも防水層の亀裂・破断、防水層の端末部・接合部の剥離が高い。また、防水層の膨れ、屋根勾配不足による水溜まりも目立つ！

メンブレン防水工事のクレーム発生部位比率

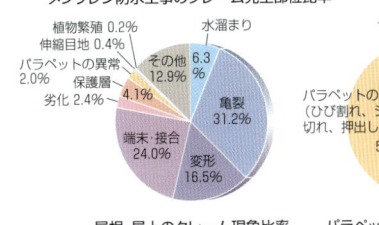

屋根・屋上のクレーム現象比率
- 植物繁殖 0.2%
- 伸縮目地 0.4%
- パラペットの異常 2.0%
- 保護層 4.1%
- 劣化 2.4%
- その他 12.9%
- 水溜まり 6.3%
- 亀裂 31.2%
- 変形 16.5%
- 端末・接合 24.0%

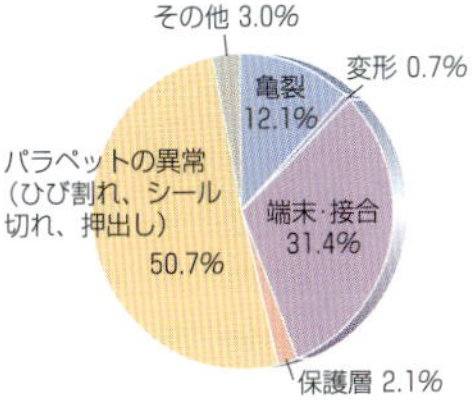

パラペットのクレーム現象比率
- その他 3.0%
- 変形 0.7%
- 亀裂 12.1%
- 端末・接合 31.4%
- 保護層 2.1%
- パラペットの異常（ひび割れ、シール切れ、押出し）50.7%

■クレーム発生の原因別比率

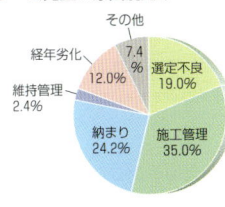

- その他 7.4%
- 経年劣化 12.0%
- 維持管理 2.4%
- 納まり 24.2%
- 施工管理 35.0%
- 選定不良 19.0%

✎ 施工管理、納まり不良、仕様・工法・材料選定不良が3大原因！

✎ 納まり不良では特に防水層の端末部に注意！

[現象別凡例]
- 水溜まり ☞ 防水層、保護層等上部の水溜まり
- 亀裂 ☞ 防水層の亀裂、ひび割れ、破断
- 変形 ☞ 防水層の変形、膨れ、たわみ、伸縮、反り、ねじれ
- 端末・接合 ☞ 防水層端末部・接合部・立上がり部の剥離・剥落、浮き
- 劣化 ☞ 防水層表面の劣化（砂落ち、減耗、変退色、白亜化）
- 保護層 ☞ 保護層の損傷（ひび割れ、浮き、欠落、凍害）
- パラペット ☞ パラペットの異常（ひび割れ、シール切れ、押出し）
- 伸縮目地 ☞ 伸縮目地の異常
- 植物繁殖 ☞ 植物の繁殖
- その他 ☞ 現象が特定できない漏水等

[部位別凡例]
- ベランダ ☞ ベランダ、開放廊下、犬走り、ピロティ
- 内部床 ☞ 内部床（浴室、厨房、駐車場等）
- 各種槽 ☞ 各種槽、プール、ピット

[原因別凡例]
- 選定不良 ☞ 仕様・工法・材料選定不良
- 施工管理 ☞ 施工管理・技能不良
- 納まり ☞ 納まり不良
- 維持管理 ☞ 維持管理不良

4章 防水工事のフロー

1 計画・施工フロー

設計条件の把握
- 建物概要
- 防水部位と防水仕様　☞100ページ
- 期待耐用年数
- 気候条件
- 環境条件
- 防水対象部位の用途
- 下地の種類　☞100ページ
- 保護層の種類
- 断熱仕様との関係
- 美観に関する要求度合い
- 直下階の用途
- メンテナンス性

施工条件の把握
- 施工時期
- コンクリート下地の養生期間
- 下地の躯体や関連工種との取合い

防水種別(工法)の選択
- 防水種別(工法)の適材適所の確認
  ☞13ページ

施工計画
- 防水工事施工計画書の作成　☞104ページ
- 工程計画
- 取合い・納まりの検討　☞102ページ
- 施工要領書の作成
- 施工会社の選定と防水保証

施 工
- 材料の搬入と保管
- ドレンなど、前工程作業の確認
  ☞102ページ
- コンクリート下地水分などの事前確認
  ☞101ページ
- 施工箇所の点検と清掃
- 防水層の施工　☞104ページ

施工管理・検査
- 施工管理
- 検査
- 記録の保管

2 防水工法の特徴

工法名		特　徴	長　所	短　所
アスファルト防水		溶融釜を用いて溶融したアスファルトとルーフィングを、交互に数層重ねて密着させて防水層を構成する積層式熱工法。アスファルトやアスファルトルーフィングは時代の変化に対応して改質、改良が加えられ、実績が多く最も信頼性の高い工法。	・ルーフィングの組合せと層数を変えることによって、要求レベルに応じた防水性能をもたせることが可能。 ・建物の種類や部位、耐用年数に対応して、適切な防水層を選択できる。	・アスファルト溶融釜（加熱装置、熱源および設置場所）が必要。 ・臭気と煙が発生。 ・複雑な部位の施工難。 ・高温で軟化、低温で硬化。 ・工程数が多い。
シート防水	ゴムシート防水	合成ゴムを主原料とした厚さ1.0～2.0mmのシート（「標準仕様書」では、特記なき場合は1.2mm）を接着または機械的固定工法で下地に張り付ける。シート同士の接合は接着。厚塗り塗装材を保護層（トップコート）とすることで軽歩行も可能。	・温度による物性変化が少なく、施工地域の制約が少ない。 ・耐候性良。 ・伸びがあり、下地の亀裂に追随。 ・下地の挙動が大きいALC板等の下地に対応可能。 ・施工容易で、工期短。	・シートが薄く、下地の突起物や外部からの衝撃に弱い。 ・複雑な部位の施工難。 ・3枚重ね部は不具合を生じやすい。 ・機械的固定工法では、風圧力に耐えるよう、固定金具の留付け間隔の管理が必要。
	塩ビシート防水	塩化ビニル樹脂等の合成樹脂を主原料とし、柔軟性を付与するための可塑剤を添加して、シート化した厚さ1.0～2.0mmのシート（「標準仕様書」では特記なき場合は1.5mm）を、接着または機械的固定工法で下地に張り付ける。	・保護層なしで軽歩行可。 ・シート相互の接合は、熱融着または溶剤溶着で水密層が一体化し水密性が高い。 ・シート自体に着色でき、仕上げ塗装不要。 ・耐候性良。 ・施工容易で、工期短。	・シートが薄く、下地の突起物や外部からの衝撃に弱い。 ・複雑な部位は施工難。 ・低温時の作業性悪い。 ・出・入隅の処理に成形役物が必要。 ・機械的固定工法では、風圧力に耐えるよう、固定金具の留付け間隔の管理が必要。
塗膜防水		ウレタンゴム系、ゴムアスファルト系等の液状の塗膜防水材を混合して、金ごて、ゴムゴテまたは刷毛等を用いて塗り重ね、必要に応じてガラス繊維や合成繊維の不織布で補強積層し、連続的な膜（防水層）を形成する工法。耐久性（耐用年数）に難。	・複雑な形状でも施工が容易。 ・継目のない防水の形成が可能。	・均一な厚さの防水層確保が難しい。 ・下地に突起物がある場合は欠陥となりやすい。 ・外部からの衝撃に弱い。 ・防水膜形成時に天候の急変等がある場合、影響を受けやすい。
改質アスファルトシート防水	（トーチ工法）	合成ゴムや合成樹脂をアスファルトに添加し、耐久性・耐候性を向上させた改質アスファルトシートを、熱工法のような溶融したアスファルトを使用せずに、トーチバーナーであぶりながら接着して防水層を形成する工法。「常温工法」ともいう。	・シート相互の接合部は、トーチバーナーによる溶融、融着により防水層が一体化する。 ・アスファルト溶融釜が不要。 ・アスファルト防水熱工法に比べて煙・臭気の発生が少ない。 ・耐衝撃性良。	・高い施工技量を要求される。 ・アスファルト防水の熱工法に比べ歴史が浅く、実績が少ない。 ・改質アスファルトシートが厚いため、複雑な部位の施工難。

5章 アスファルト防水・保護仕様
水溜まり

① ルーフドレンの排水不良による水溜まり

ケース1 屋上の横引きドレン回りに水溜まりが発生した！

現象　竣工後10年のRC造5階建事務所ビルで、屋上の横引きドレンのストレーナに平型形状のものを使用していたところ、ドレン回りに水溜まりが発生した（写真①②）。

原因　水溜まりの生じていた箇所を調査したところ、ドレン回りには集水のための水勾配は確保されていたが、ストレーナに平型形状のものが使用されていた。また、日常の点検清掃もほとんど行われておらず、そのためドレン回りにごみが堆積し、落し口が閉鎖された状態で排水不良による水溜りが生じてしまった。

平型形状のストレーナ

処置　ドレン回りのごみを清掃し、設置されていた平型のストレーナを箱状に突き出したタイプに取り替えた。また、建物所有者に日常の点検清掃をお願いした。
なお、ルーフドレンの定期点検は半年ごと程度に、ごみの詰まりのほかに、本体の錆や割れ、接合部の不良等についても行うこととした。

箱状に突き出した形状のストレーナ

1. **排水口の数**
   屋根には排水口を2箇所以上設ける。ただし、小面積の屋根においては1箇所をオーバーフローに代えてもよい。
2. **ルーフドレンの設置レベル**
   ルーフドレンや排水落し口等は、周囲の水はけをよくするため、スラブ面より30〜50mm程度低くし、確実に固定して防水層に悪影響を与えないようコンクリートと同時打込みとする。また、半径600mm程度をドレンに向かって斜めにすりつける。
3. **横引きドレンと梁との取合い**
   あらかじめ梁天端を下げて水勾配を確保する。

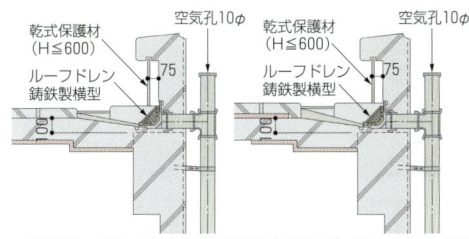

保護防水の場合の納まり例[1)]　保護防水断熱工法の場合の納まり例[2)]

4. **ドレン本体(つば)と防水層の掛かり代**
   ドレン本体(つば)と防水層の掛かり代寸法は50mm程度。
5. **ストレーナ形状**
   ルーフドレンのストレーナはごみが詰まりやすいので、縦型にあっては成の高いもの、横型にあっては箱状に突き出したものを使用する。

チェック
対策1 ☞
　ケース27
　ケース28
　ケース30
対策2 ☞
　ケース30
対策3 ☞
　ケース30
対策4 ☞
　ケース30
対策5 ☞
　ケース27
　ケース29
　ケース30

ストレーナの形状

6. **積雪地・寒冷地のルーフドレンの径**
   ルーフドレンの径は融雪水の凍結を考慮して100mm以上とする。縦樋は凍結防止のため内樋とする。外樋とする場合は、電気ヒーター等の凍結防止策を講じる。

防水工事のポイント

- ☞ ルーフドレンのストレーナはごみが詰まりやすいので、縦型にあっては成の高いもの、横型にあっては箱状に突き出したものを使用すること。
- ☞ 屋上は木の葉やポリ袋等が飛来し、ルーフドレンや排水落し口をふさいだり、土砂が流れ込み堆積することがあるため、建物所有(管理)者に対し日常の点検清掃をお願いすること。
- ☞ ルーフドレンは、各種防水仕様に対応したものを選定すること。

アスファルト防水・保護仕様
水溜まり

❷ 浴室に隣接する洗面室床に発生した染み

ケース2 洗面室床面に濡れや染み、カビ臭が発生した！

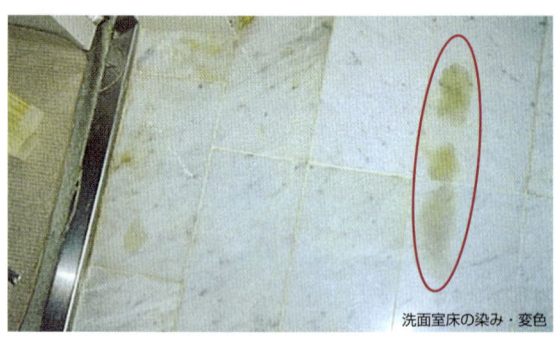

洗面室床の染み・変色

現象　RC造3階建集合住宅において、竣工後1年6カ月が経過した頃より、在来工法浴室に隣接する洗面室の石張り床面に水濡れや染み、変色が見られるようになった（写真〇印）。また、洗面台回りからカビ臭も発生した。洗面台下の収納部底板を剥がしてみたところ、床石が施工されていない保護コンクリートの上部に水溜まりがあり、洗面台下地の木部が吸水し、カビの発生が確認された。

原因　浴室から洗面室の床面が一体の防水層で形成され、浴室と洗面室間に防水の仕切りが施されていなかった（17ページ・「対策1」上図参照）。そのため、浴室の床から防水層上部の仕上げ層に浸入した水が洗面室へ移動し、床の低い部分への水の染み出し、水濡れ、および床石に染み、変色を発生させた。また、洗面台下地の木部の吸水がカビを発生させた。

処置　集合住宅の入居者が留守となる長期休暇期間を利用し、抜本的な対策工事を実施した。おもに以下①〜④の処置を施した。
①浴室と洗面室仕切り壁の浴室側床石、および保護コンクリートを溝状に撤去してアスファルト防水層を露出させ、仕切り壁部分に切付け防水を施した（17ページ・「対策1」下図参照）。
②洗面室床の水分を拭き取って極力乾燥させ、床石の染み・変色部分に染み抜き等によるクリーニングを施した。
③洗面台下の保護コンクリートと洗面台下地木部については、乾燥を確認の上、洗面台下収納部底板に点検口を設置し、以降の状況を追跡することとした。
④浴室の排水機構については、防水層上部の仕上げ層に浸入した水分を排出できるものであることを確認した。

対策

1. 在来工法浴室の防水と排水

①浴室の防水は、浴槽部分を含めてアスファルト防水等のメンブレン防水とし、隣室の洗面室等が防水を施す場合でも、浴室の仕切り壁や出入口沓摺り部分で防水を立ち上げ、浴室単独の防水パンを形成する。

②浴室の排水は、床面の表面水の排水だけではなく、防水層上部の仕上げ層に浸入した水も排水できる機構とする。

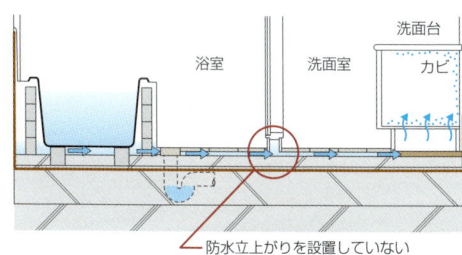

浴室・洗面室の断面図（不具合例）

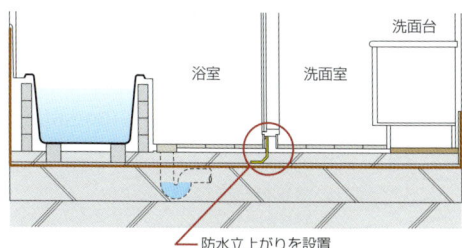

浴室・洗面室の断面図（対策の納まり例）

チェック
対策1 ☞
ケース 5
ケース17
ケース43

③浴室の床排水にコーナー継手を用いる場合は、排水管接続のために縦管のあるPS床レベルを浴室床水下コンクリートレベルより75mm以上下げ、かつ、アスファルト防水および床仕上工事において、コーナー継手の水抜き穴をふさがないよう十分注意する。

防水工事のポイント

☞ 在来工法の浴室はアスファルト防水等のメンブレン防水とし、浴室単独の防水パンを形成すること。
☞ 防水層立上がり端末は、床面および水面より高く立ち上げ、出入口沓摺りと防水層を直接取り合わせる納まりとすること。
☞ 浴室の排水は、床面の表面水だけではなく、防水層上部の仕上げ層に浸入した水も排水できる機構とすること。
☞ 床排水コーナー継手使用の場合はPS床レベル等に注意すること。

アスファルト防水・露出仕様
水溜まり

① 水勾配不良による水溜まり

ケース3 水勾配の不良により屋上防水面に水溜まりが発生した！

竣工間際のRC造5階建事務所ビルで、降雨後に屋上防水面に数箇所水溜まりができ、排水されずに残っていた（写真○印）。放置しておくと当該箇所が早期に劣化し、下階への漏水の原因になると考えられる。

設計図書で指示された水勾配は1/100であったが、調査したところ、下地コンクリートの勾配が部分的に指示通りに施工されていなかったことが判明した。そのため勾配不足を引き起こし、水溜まりが生じてしまった。

水溜まりが生じた部分のアスファルト防水層を、周辺部分までを含むやや広い範囲にわたって撤去し、下地の勾配をとり直して再度アスファルト防水の施工を行った。

既設の防水層を撤去・やり直した範囲

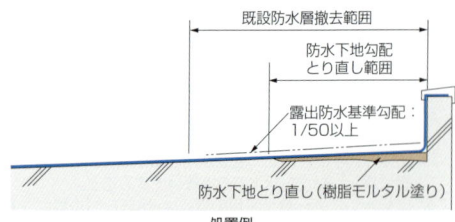
処置例

1. 露出防水の水溜まり防止対策
①水勾配の確保。
②上階の雨樋や設備機器類の排水はドレンまで配管する。

2. 水勾配の確保
①保護防水
保護層のある防水の場合の水勾配は、1/100～1/50とし、保護層で勾配をとることは避ける。水はけを悪くするだけではなく、防水層の温水劣化や保護層の重量過大につながるため、下地（躯体）で勾配をとること。

②露出防水
速やかな排水を確保するために、1/50～1/20とする。下地の施工精度やルーフィング重ね部の段差の関係で、1/100程度の水勾配では水溜まりができるので注意すること。

📝 露出防水の水勾配は1/50～1/20が原則！
コンクリート打設時にレベル管理の徹底を図ること。

水勾配が適切に確保されている例

③ALC下地
ALCパネル自体のたわみを考慮して、1/50以上の水勾配を確保する。
屋根にALCパネルを使用する場合、ALCパネルのクリープによるたわみの発生は避けられないので、たわみによって生じる水溜まりを防止するためには、勾配に対してALCパネルの長辺が直交方向となるよう配置する。また、屋根用パネルへの加工は、耐力上好ましいことではないため、ドレン回りに大きな加工が予想される場合の水下側は、RCスラブ（現場打ちコンクリート）の排水側溝とし、ドレンへの集水性を確保する。たわみの点からも、保護層なしの露出防水下地に限定すること。

📝 ALCパネルへの穴あけ等は、耐力上問題がないことを確認してから行うこと。

チェック
対策1 ☞
ケース14
ケース18
対策2 ☞
ケース14
ケース18
ケース30

防水工事のポイント

☞ 露出防水では、水溜まりをつくらないこと。
☞ 水勾配は、躯体段階で検討しておくこと。
☞ 露出防水の上に、上階の雨水排水管の開放など安易に排水しないこと。必要な場合には、排水管は必ずドレンまで引き込むこと。
☞ 屋根にALCパネルを使用する場合、ALCパネルのクリープによるたわみによって生じる水溜まりを防止するため、勾配に対してALCパネルの長辺が直交方向となるよう配置すること。

6章 アスファルト防水・保護仕様
防水層の亀裂・破断

① 保護コンクリートの挙動による破断

ケース4 保護コンクリートの押出しにより防水層が破断した!

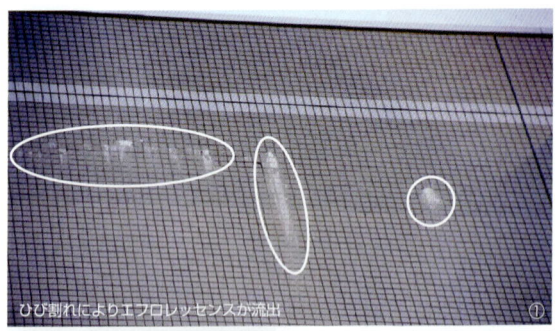

ひび割れによりエフロレッセンスが流出 ①

緩衝材を設置していない ②

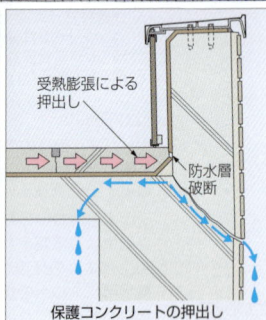

受熱膨張による押出し
防水層破断
保護コンクリートの押出し

現象
竣工後5年のRC造7階建総合病院で、最上階の病室天井より漏水した。屋上防水はアスファルト保護工法で、立上がり部は露出工法であった。外壁はタイル張り仕上げであったが、最上階の梁に水平にひび割れが入って、ひび割れの上下で1cm程度の段差が生じ、エフロレッセンスが見られた(写真①)。

原因
受熱膨張時に保護コンクリートがパラペットを押し出して最上階梁を破損し、立上がり部の防水層も破断させた。また、防水層立上がり部に緩衝材を設置していなかったことも不具合を助長した(写真②)。

処置
パラペット周辺の保護コンクリートを最初の伸縮目地まで撤去し、立上がり部と周辺の防水を再施工した。防水施工後、保護コンクリートを復旧せずに砂利押えとして、防水層立上がり部に受熱膨張の影響が生じない納まりとした。

対策

1. 保護コンクリートの伸縮目地の割付け
外断熱の場合は、保護コンクリートの温度変化がより顕著になるため、目地割りによる配慮が必要。できれば2.5m間隔程度が望ましい。

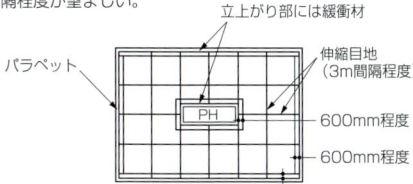

伸縮目地割り例[3]

2. 伸縮目地の施工例
保護コンクリートの伸縮目地周辺のひび割れ発生を防ぐため、据付けモルタルによる固定は、伸縮目地材キャップ下端のフック状アンカーがあるところまでとする。

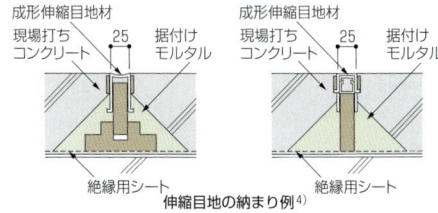

伸縮目地の納まり例[4]

3. パラペット回りの納まり例(後打ちの場合)

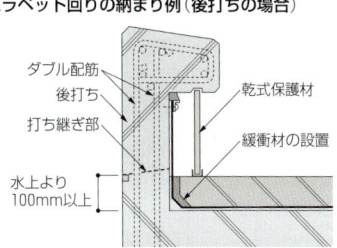

チェック
対策1 ☞
 ケース25
 ケース26
対策2 ☞
 ケース25
 ケース26
対策3 ☞
 ケース22
 ケース23

防水工事のポイント

☞ 伸縮目地の設置は目地割りに配慮すると同時に、防水層と伸縮目地にすき間が生じないよう注意すること。
☞ 水勾配は躯体スラブでとること。そうすることで、保護コンクリートを同一厚さで施工することができ、伸縮目地設置もすき間なく行うことができる。
☞ 防水層立上がり部には、必ず緩衝材を設置すること。
☞ パラペットを打ち継ぐ場合は、屋根スラブ面より立ち上げること。

アスファルト防水・保護仕様
防水層の亀裂・破断

② コンクリートブロックの挙動による破断

ケース5 コンクリートブロック壁の挙動により漏水した!

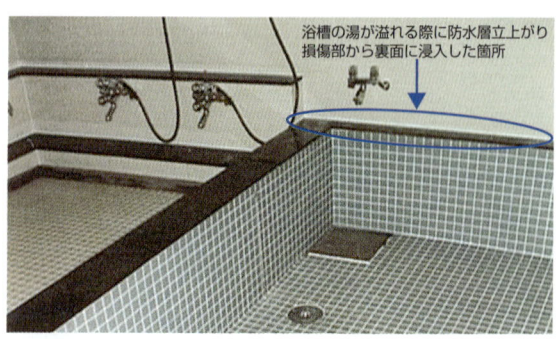

浴槽の湯が溢れる際に防水層立上がり損傷部から裏面に浸入した箇所

現象
竣工後3年のRC造3階建保養所において、竣工直後より浴室回りから漏水が発生し、隣りに併設されている授乳室の腰壁および床付け部から水が染み出した。

原因
コンクリートブロック壁にアスファルト防水を施工した浴槽の防水層立上がり端末部から、浴槽の湯が溢れる際に防水層裏面に浸入した。原因として、以下①~③が挙げられる。
①防水層の立上がり寸法が不足していた。
②コンクリートブロック壁に防水層を施工しているため、挙動の違いによりコンクリートブロック接合部で防水層の破断が生じていた。
③浴槽の面台を取り付ける際に、寸法上納まらなかったため防水層を傷めていた。

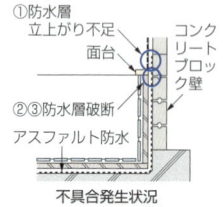

不具合発生状況

処置
施設の繁忙期においては、定休日を利用しての応急対策を実施し、抜本的な処置は閑散期の休館期間に実施した。以下にそのおもな処置を示す。
①防水下地となる腰壁部分を、コンクリートブロックから現場打ちコンクリートに再施工した。
②防水層立上がり寸法を、浴槽の天端+150mmとした。
③浴槽の面台を新たにつくり替え、防水層を傷めないようていねいに取り付け直した。

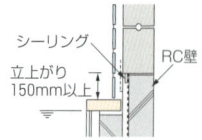

面台部分の納まり(再発防止策)

1. 浴室・トイレ等の防水下地

室内の浴室・トイレ等の防水下地を施工する場合、防水の立上がり部分は現場打ちコンクリートとする。

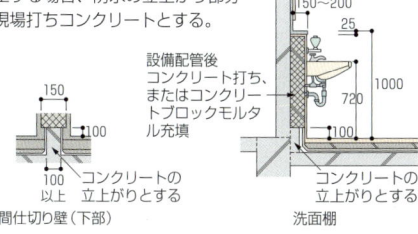

設備配管後コンクリート打ち、またはコンクリートブロックモルタル充填

コンクリートの立上がりとする
間仕切り壁(下部)

コンクリートの立上がりとする
洗面棚

2. 在来工法浴室の浴槽

① 浴槽が床面より高くなる場合は、水頭圧差による漏水が生じないよう、周囲の防水層との取合いに留意する。

② 浴槽は、浴室全体のメンブレン防水の上に設置し、かつ、浴槽内の湯の溢水防止のため、浴槽内にも塗膜防水を施す。

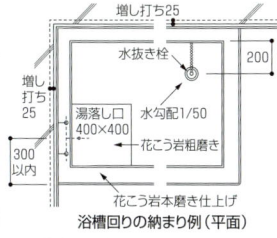

浴槽回りの納まり例(平面)

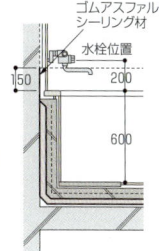

浴槽立上がりが高い場合の納まり例(断面)

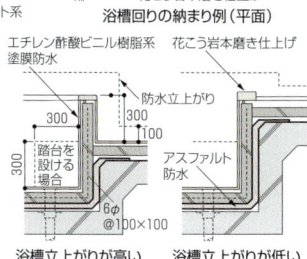

浴槽立上がりが低い場合の納まり例(断面)

チェック
対策1 ☞
　ケース 2
　ケース 17
対策2 ☞
　ケース 2
　ケース 17

防水工事のポイント

- ☞ コンクリートブロック壁には、直接防水を施工しないこと。
- ☞ 防水層立上がり端末は、床面および水面より高く立ち上げること。
- ☞ 在来工法の浴室(特に在来工法浴槽を設置した浴室で、浴槽が浴室床面より高い浴室)において、出入口等の防水立上がりの低い部分は、水頭圧差に留意した納まりとすること。
- ☞ 出入口建具枠と防水層取合いには特に注意し、防水施工はていねいに行うこと。

アスファルト防水・露出仕様
防水層の亀裂・破断

① 構造スリットと防水取合い部の不良

ケース6 ルーフバルコニーの立上がりあごにひび割れが発生した！

現象
竣工後3年のRC造9階建集合住宅で、直上にルーフバルコニーがある8階の住戸において漏水が発生した。上階を確認したところ、立上がりあごコンクリート部分にひび割れが生じ（写真〇印）、立上がり防水層が剥がれて垂れていた。なお、当該壁は構造スリットが配置されていた。

原因
9階住戸のルーフバルコニー立上がり部分は、構造スリットをまたいであごコンクリートを施工していた。そのため、ひび割れが発生し、ひび割れから雨水が防水層の裏側に浸入し下階へ漏水した。また、防水層も構造スリット部分で、躯体の挙動によって躯体から剥がれた。

処置
あごコンクリートおよび壁周辺の防水層を撤去し、構造スリット壁の外部側に高さ400mmの立上がり壁を設け、その壁に防水層の端末部を固定した。その後、構造スリット壁から立上がり壁まで覆う水切り金物を取り付け、端部をシーリングした。湿式工事であったため、かなりの工事日数を要した。

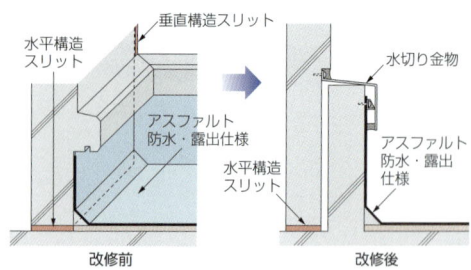

対策

1. 構造スリットと防水層の取合い

基本的には構造スリット部と防水層が直接取り合わない計画とする。設計図書にこのような箇所があった場合、監理者に申し入れる。やむを得ない場合には、監理者と協議の上、24ページの改修後の納まりとするか、下図の納まりとする。

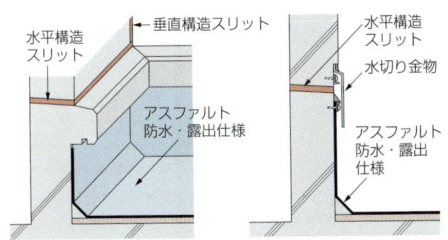

構造スリットが防水層より上部にある納まり例

2. 構造スリット

構造スリットには、完全スリット(壁を完全に切り離すタイプ)と部分スリット(壁を部分的に欠損させるタイプ)がある。

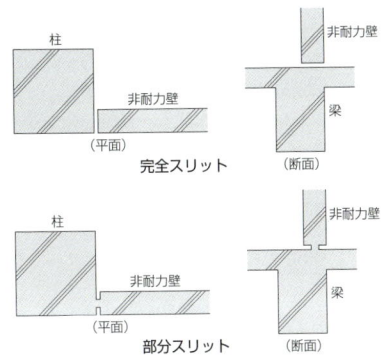

防水工事のポイント

☞ 構造スリットと防水層が直接取り合わない計画とすること。
☞ 構造スリットは、二次壁(腰壁、垂れ壁、袖壁等)を非構造部材(構造計算に積極的に取り入れない部材)とするためのもので、二次壁と構造部材(柱、梁、床)との間の絶縁部分である。そのため、地震発生時には層間変形によりスリット自体損傷を受けない場合と、全面的に損傷を受ける場合があるが、その上の仕上げは何らかの損傷を受けることが多いので注意すること。

アスファルト防水・露出仕様
防水層の亀裂・破断

❷ 地震等の層間変位で起きた防水層の破断

ケース7 ALCの動きに追従できず防水層が破断した！

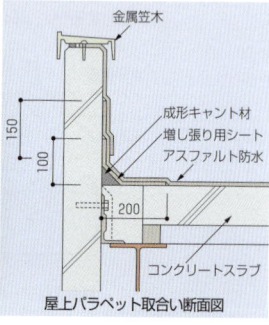

屋上パラペット取合い断面図

現象
震度5強の地震発生直後に、竣工後8年のS造5階建事務所ビルの屋上で、ALC外壁に直に立ち上げたアスファルト防水の一部が破断し、5階事務室天井に漏水した。屋上パラペット際の防水の取合いは、コーナー部に成形キャント材を使用。

アスファルト防水の破断部

原因
下階から立ち上がっているALC外壁(階高4500mm、幅600mm)に直に立ち上げた防水層が、地震で層間変位を起こしたALC外壁の動きに追従できず、最終的には入隅付近で防水層が破断したことにより下階へ漏水したものと考えられる。また、屋上パラペット際のコーナー部に成形キャント材が使用されており、ある程度の動きに対して追従できる効果はあったと思われるが、地震時のスラブとパラペット立上がりALCパネルの動きがそれを上回り、防水層が破断したものと考えられる。

処置
立上がり部から約1m範囲の防水層を剥がし、スラブに差し筋用ケミカルアンカーを打設して、コンクリートでALC天端と同じレベルまで立上がり壁をつくった。その後、十分にコンクリートを乾燥させた後、立上がり壁に防水層を立ち上げ、立上がり天端にはアルミ笠木を設けた(27ページ・「対策2」参照)。防水層を立上がり壁天端まで巻き上げる場合は、ALCとコンクリート立上がり壁を大きく覆うように金属笠木をかぶせる。立上がり壁をあご付きとしてあご下で防水層を止める場合は、あご上の壁を薄くして金属笠木を小さくすることもある。

1. ALC工法と変形追従のメカニズム

① ロッキング工法
パネル上下の端部を躯体に固定し、地震等による層間変位に対してわずかに回転しながら追従する工法。

② スライド工法
パネル下部を躯体に固定し、上部は面外方向だけ固定(面内方向はスライドさせる)させ、層間変位に対して追従する工法。

③ スパンドレル工法
パネルの上下に開口部があり、梁をまたいでパネルを固定させているため、梁やスラブの動きに対して取り付ける階のパネルが追従する工法。

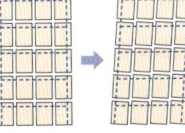
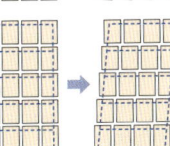
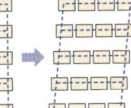

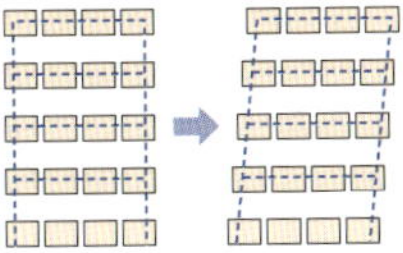

2. パラペット回りのALC外壁と屋根の納まり

下階から立ち上がっている層間取付け型のALC外壁の場合、スラブとパラペット立上がり壁のムーブメントが異なるため、ALCに直に防水層を立ち上げずに、スラブと同じ動きをするようにコンクリート、またはALC等により防水層の立上がりをつくる。

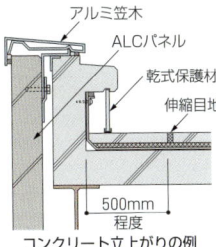

コンクリート立上がりの例

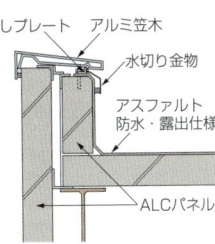

ALC立上がりの例

チェック
対策1 ☞ ケース 3
対策2 ☞ ケース 3
ケース 13

防水工事のポイント

☞ パラペットのALCが屋上梁に固定工法で取り付けられている場合は、防水層をALCに直に立ち上げることは可能である。ALCの取付け状況がロッキング工法やスライド工法であれば、必ずスラブ固定の壁を設けること。

☞ コンクリートを立ち上げる場合は、ALCとの納まりを考慮して、施工手順に注意すること。

☞ パラペット笠木のジョイントの雨仕舞いに注意すること。

シート防水
防水層の亀裂・破断

① 保護モルタルのひび割れによる漏水

ケース8 シート防水のモルタル保護層にひび割れが生じた!

現象
竣工後7年のS造6階建事務所ビルで、塔屋屋根より下階階段室に漏水が発生した。塔屋は、シート防水の上にモルタル塗りの保護層が施工されており、モルタルにはひび割れが生じていた。塔屋の屋根は、漏水が発生するまで竣工後一度も保守点検が行われていなかったため、屋根面の劣化状況が把握できていなかった。

原因
保護モルタルのひび割れ部を撤去したところ、シート接合部に剥がれが生じており、この不良箇所より雨水が浸入して漏水に至った。シート防水は、保護層を設けるとその水分やアルカリ成分で接着剤が早期に劣化し、剥がれが生じるため、本来は露出仕様で使用する。

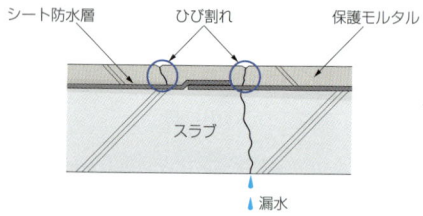

処置
保護モルタルを全面撤去すると、発生材が多量に生じるため、既存の保護層の上にシート防水機械的固定工法による全面防水を行った。また、建物所有者に対して、半年ごと程度に定期点検をお願いした。点検内容は、屋根面およびルーフドレン回りのごみ詰まり、ルーフドレン本体の錆や割れ、接合部の不良など。

対策

1. シート防水の施工上の注意
① シート防水は露出防水を原則とし、コンクリートまたはモルタルの保護層を施工しない。
② モルタル等による保護が可能なシート防水は、エチレン酢酸ビニル樹脂系シートによる工法があるものの、屋根面への施工実績は少ない。
③ 屋根防水でコンクリートまたはモルタルによる保護層を設ける場合は、アスファルト防水密着工法とする。

2. シート防水工事（機械的固定工法）のフロー

工程	内容
準備	設計図書の確認、施工業者の決定、工程表の作成
施工計画書の作成	記載事項の確認
施工図の作成	設計図書・施工計画書との照合、重要部納まり図の作成
下地形状・清掃状況の確認	水勾配、下地乾燥状況、形状
使用材料の搬入・確認	材料証明書
絶縁シートの敷設	シート相互の重ね幅
シートの敷設	シートの割付け間隔
固定金具の取付け・接着	固定金具の削孔部清掃・シートの接合
シート接合部の接着	シート接合端部の処理
検査	
養生	

チェック
対策1 ☞ ケース 9
対策2 ☞ ケース 9 ケース 20

防水工事のポイント

☞ シート防水（加硫ゴム系、塩化ビニル樹脂系）、ウレタンゴム系塗膜防水は露出仕様で使用し、コンクリート、セメントモルタル等の保護層は採用しないこと。
☞ エチレン酢酸ビニル樹脂系シート防水は、モルタル押えが可能であるものの、屋根面の施工実績は少ない。
☞ 防水仕様の選定にあたっては、その特徴を十分検討すること。
☞ 建物所有（管理）者に対して、定期点検をお願いすること。

シート防水
防水層の亀裂・破断

② 台風等の強風による防水層の飛散

ケース9 屋根のシート防水が台風時の強風にあおられ飛散した!

現象
竣工後5年のS造4階建倉庫で、RCスラブ下地の接着工法シート防水の屋根が、台風の影響で大部分のシート防水が剥離・飛散した。建物内部への漏水はコンクリートスラブがあったため、シート防水の剥離・飛散範囲に比べて軽微であった。

原因
防水層端末部の納まりの悪さや、シート相互の接合不備等の部分から風が吹き込み、徐々に大きく剥がされたものと推定される。原因として以下①～⑤が考えられた。
①プライマー塗布後の接着を阻害する要因(降雨・結露・汚れ等)があった。
②塗布した接着剤のオープンタイムの不備。
③接着可能時間外でのシートの張付け。
④ローラー転圧不備。
⑤防水層端末部の処理不備。

処置
防水層の剥がれた部分をすべて撤去して下地をよく乾燥させた後、新規にプライマーを塗布してシートを張り直した。既存防水層との接合は、既存防水層の接合面の塗装・汚れをワイヤーブラシ等で取り除き、接着剤を塗布しオープンタイムを確認して、テープ状シーリング材を張り付けてシートを接合した。次に、幅200mm程度のシートを増し張り補強した。

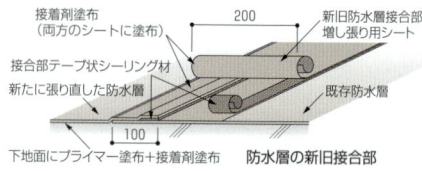

防水層の新旧接合部

1. 露出防水と耐風圧性能
絶縁工法や断熱工法のアスファルト露出防水およびシート露出防水においては、要求される耐風圧性能（特に負圧）に対する接着強度や引抜き強度を確認する。

2. 機械的固定工法の固定金具
設計風圧力から算出されるが、強風地域等では安全を考慮して固定箇所数を増やす必要がある。この風圧力は、建物の立地条件や建物の高さ・形状・部位・風向き等により異なる。

3. 風圧力
風圧力の算定は建築基準法に基づいて行うが、2004年の台風時の強風下においては、大型屋根および屋根周辺部・隅角部での被害が多く発生した。最近の知見から、大規模な陸屋根の場合、建築基準法による風圧力（平成12年建設省告示第1458号）の設定では過小なケースがあることがわかり、『建築物荷重指針・同解説（2004）』（日本建築学会）の妥当性が高いことが報告されている。

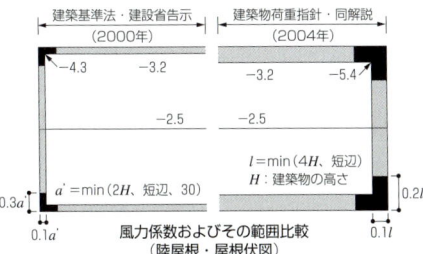

風力係数およびその範囲比較
（陸屋根・屋根伏図）

チェック
対策1 ☞
　ケース 8
　ケース 13
　ケース 14
　ケース 20
　ケース 30
対策2 ☞
　ケース 8
対策3 ☞
　ケース 8
　ケース 13
　ケース 14
　ケース 20
　ケース 30

4. ALCパネル下地
ALCパネル下地に施工した機械的固定工法で、防水層を固定した金具が下地から抜けてしまったケースもある。ALCパネルの穿孔した部分に差し込んで固定した金具が、樹脂量不足で強度が得られなかったことが原因であり、ALCパネルの穿孔した内部の切り粉の除去と樹脂の十分な注入が必要である。

防水工事のポイント

☞ 大規模な陸屋根の場合の風圧力は、建築基準法のほかに、『建築物荷重指針・同解説（2004）』により検討した上で決定すること。
☞ 防水下地にコンクリートスラブのない合理化工法の屋根においては、シートの飛散が即漏水につながることを念頭におくこと。
☞ 機械的固定工法は、風の影響を受けやすいため、負圧に対する十分な配慮が必要である。また、接着工法は、防水下地やプライマー・接着剤の影響を受けやすいため、十分な施工管理が必要である。

塗膜防水
防水層の亀裂・破断

① 誘発目地の不良による防水層のひび割れ

ケース10 誘発目地が未設置の塗膜防水を施した庇から漏水した!

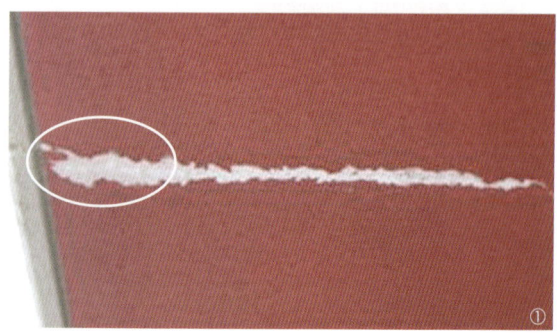

現象 竣工後6年のRC造7階建集合住宅で、最上階の庇のスラブ底にひび割れが発生し、ひび割れ部より7階住戸のバルコニーに漏水した。また、バルコニーの庇にはエフロレッセンス(白華)が発生した(写真○印)。

原因 スラブ上部は塗膜防水が施されていたが、庇スラブにひび割れ誘発目地が設置されていなかった。そのため、庇スラブに発生したひび割れに追従できず、防水層が破断した。

処置 ひび割れ部分をUカットした上でシーリングを行い、スラブ上部は再度塗膜防水を施した。また、スラブ底はUカットシーリング材充填工法を行わず、エフロレッセンスを除去した後、塗装のみで補修した。最上階であるため、ゴンドラを設置して作業を行ったために多大な費用が発生した。

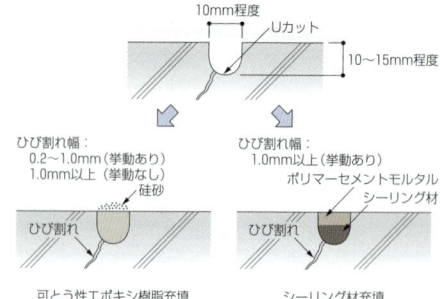

Uカットシーリング材充填工法

1. 最上階バルコニー庇の漏水対策

一般のバルコニーや共用廊下と同様に、ひび割れ誘発目地は3m以内ごとに立上がりと片持ちスラブの上下に設ける。また、全面にわたって塗膜防水を施す。庇は上方を遮るものがないため、片持ちスラブの根元(防水層端末部)まで直接雨水が当たることになる。立上がり端末部は、必ず躯体を欠き込んだ上でシーリングすること。

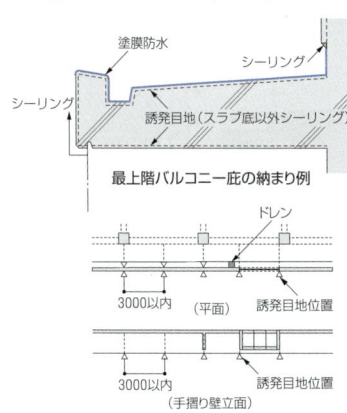

最上階バルコニー庇の納まり例

バルコニー、外廊下の誘発目地配置例

2. 塗膜防水の施工管理

塗膜厚の確認は専門工事業者任せにせず、工法に応じた施工管理を行うこと。
ウェットゲージ(未乾燥膜圧測定ゲージ)で施工中に膜厚を測定するのも管理の方法である。

チェック
対策1 ☞ ケース11
対策2 ☞ ケース11
ケース15
ケース21
ケース31

ウェットゲージ

防水工事のポイント

☞ コンクリートのひび割れ防止対策として、ひび割れ誘発目地の間隔は3m以内とし、辺長比1.5以下とすることが望ましい。
☞ 塗膜防水材の使用量を管理することが重要である。
　　使用量(kg/m²):最終厚さ(mm)÷硬化物比重
　　膜厚3mmで硬化物比重が1.0の場合、3.0kg/m²となる。
☞ 塗膜防水の施工中は、ウェットゲージ等を使用して膜厚の確認を行うこと。

塗膜防水
防水層の亀裂・破断

❷ 排水呼び溝の設置で発生したひび割れ

ケース11 バルコニー床に排水呼び溝を設けたらひび割れが発生した！

現象
施工中のRC造8階建集合住宅で、バルコニー床スラブの先端に設置された排水溝から壁際の雨水排水ドレンに向かって、バルコニーを横断する排水呼び溝を設けたところ、排水呼び溝のスラブ面にひび割れが発生した。

原因
スラブの下面がフラットなバルコニー床スラブにおいて、バルコニーを横断する排水呼び溝を設けることは、ひび割れ誘発目地を設けた部分のスラブよりも断面欠損が大きい。そのため、スラブ厚が薄い排水呼び溝部分に乾燥収縮や熱応力の影響が集中し、ひび割れが発生した。

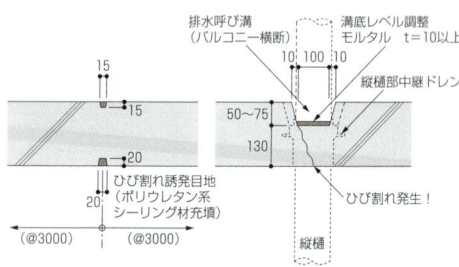

バルコニー排水呼び溝断面図

処置
ひび割れの状況からエポキシ樹脂注入工法により補修を行い、排水呼び溝部はウレタン塗膜防水を、スラブ下の表層には仕上げ塗装を施した。この事例は工事中に処置できたが、建物引渡し後に対応せざるを得ない場合、集合住宅入居者への影響は大きく、作業もしにくいものとなる。

1. バルコニーのひび割れ対策

① 跳ね出しスラブのバルコニーには、外壁に準じたひび割れ対策を施す。一般的には、3m以内ごとにひび割れ誘発目地を、スラブの両面と先端立上がり部ともに設ける。

② バルコニーを横断する呼び溝は、スラブの断面欠損をともなうので設けないこと。

2. バルコニーの排水

① 一般的にはバルコニースラブ先端に排水溝を設けるため、縦樋はバルコニー先端に通す。

② 縦樋を壁際に設ける場合は、スラブ下での呼び樋とする。

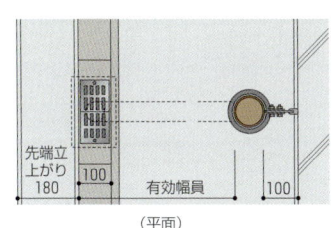

(平面)

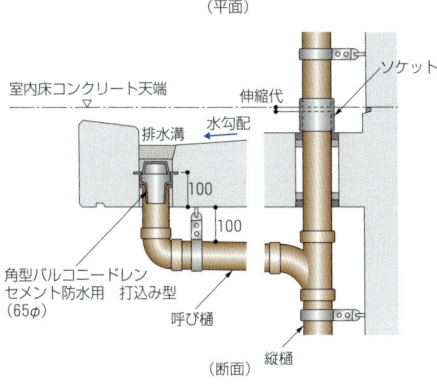

(断面)

呼び樋によるバルコニー排水納まり例

チェック
対策1 ☞ ケース10
対策2 ☞ ケース10

防水工事のポイント

☞ バルコニーのスラブ先端に排水溝がある場合の縦樋は、バルコニー先端に通すこと。

☞ 縦樋を壁際に設ける場合の排水は、スラブ下での呼び樋とする。

☞ 壁際に雨水排水ドレンを設け、バルコニー先端の排水溝からバルコニーを横断する呼び溝によって排水する場合は、水下と水上間の距離が長くなるため勾配がとりにくく、排水溝に水溜まりを生じるおそれが大きいため、ひび割れと同様に注意が必要である。

モルタル防水
防水層の亀裂・破断

① 乾燥収縮による屋根スラブのひび割れ

ケース12 植栽屋根スラブのひび割れにともない防水層が破断した！

現象 竣工後6カ月の、屋根に植栽が施されているRC造平家建の付属建物において、屋根スラブにひび割れが発生し、下階のポンプ室に漏水した。

原因 この建物の屋根はモルタル防水（防水剤混入モルタル）で、屋根スラブのコンクリートに温度変化や乾燥収縮によりひび割れが発生した。コンクリートのひび割れにともない、この部分の防水層が破断し、雨水が浸透して漏水した。

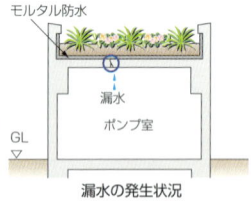

漏水の発生状況

処置 付属建物は日常的に人が使用する場所ではなかったが、屋根の植栽を土壌とも撤去し、屋根の防水をアスファルト防水で施工した。その後、植栽を復旧した。

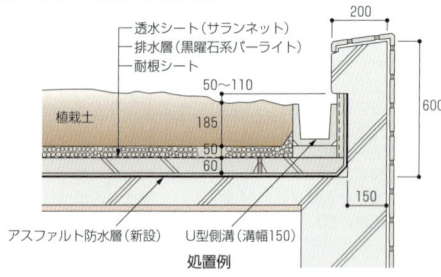

処置例

対策

1. 屋上緑化の防水仕様
植栽を施す屋根の防水はメンブレン防水のアスファルト防水とし、要求される耐用年数に見合った防水仕様を選定する（13ページ参照）。

2. 植栽と防水立上がり等の適正な取合いの確保

①防水立上がり部が土に接しない場合
水抜きパイプ 塩ビ50φ @1500
250以上
120
透水シート＋排水層＋耐根シート

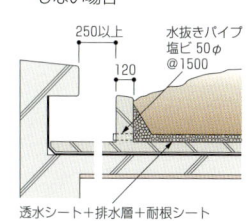

②防水立上がり部が高く、土に接する場合
150以上
土盛り寸法
50
透水シート＋排水層＋耐根シート

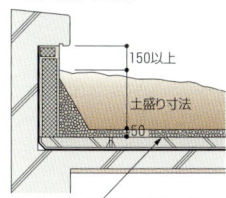

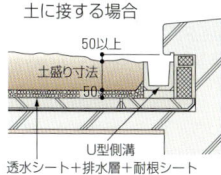

③防水立上がり部が低く、土に接する場合
50以上
土盛り寸法
50
U型側溝
透水シート＋排水層＋耐根シート

④ドレン回り
塩ビ製排水ます
蓋
透水シート＋排水層＋耐根シート

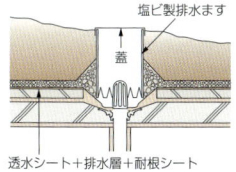

耐根シートの種類

耐根方法	透水性	材料の特性・特徴
物理的に耐根	不透水性系シート	ポリエチレンフィルム（0.4mm）などを使用し、植栽基盤の排水層の下に敷設または接着、接合部はオーバーラップを十分にとる。立上がり部は接着する。
	透水性系シート	厚さ5〜10mmの不織布などを使用し、植栽基盤の排水層の上に敷設。工法によっては下に敷設することもある。
化学的に耐根	透水性系シート	化学物質で根の侵入を防止するシート（20〜30年有効）を使用し、植栽基盤の排水層の上に敷設する。

チェック
対策1
　ケース24
　ケース32
　ケース40
対策2
　ケース24
　ケース32
　ケース40

防水工事のポイント

☞ 植栽を施す屋根の防水は、信頼できるメンブレン防水とし、植栽用土壌を有する場合はアスファルトの保護防水とすること。
☞ 屋根（屋上）植栽部の層構造（土盛りの種類・厚さ等）および防水立上がり部との取合いを確認すること。
☞ 植栽の根により、防水層を傷めないための保護層を設け、根の伸長に耐えられる構造とすること。対策として、保護コンクリートの上および防水層の立上がり部に、耐根シート等を敷き込む。

7章 アスファルト防水・露出仕様
防水層の変形・膨れ

① 防水下地の乾燥不足による膨れ

ケース13 防水下地の乾燥不足で防水層に膨れが発生した！

現象
竣工後2年のS造5階建事務所ビルで、露出仕様のアスファルト防水層に膨れが発生した（写真○印）。発生したそれぞれの膨れは広範囲ではなく、漏水は見られなかった。

原因
スラブの型枠が鋼製フラットデッキであり、スラブ下面からの乾燥がほとんど期待できないことから、施工時点において躯体工事の前倒しを図り、屋根スラブのコンクリート打設から防水工事着手まで45日の養生期間を確保して防水工事を行った。しかし、スラブコンクリートの乾燥がまだ十分でなかったため、防水層に膨れが発生したと考えられる。

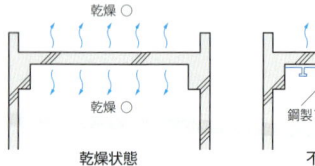

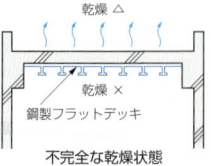

乾燥 ○　　　　　　　　　乾燥 △
乾燥 ○　　　　　　　　　乾燥 ×
　　　　　　　　　　　　鋼製フラットデッキ

乾燥状態　　　　　　　　不完全な乾燥状態

処置
発生した防水層の膨れが軽微であったため、防水層の膨れ部分を切開して下地を乾燥させ、その部分に上部から改質アスファルトシートの補強張りを行った。乾燥状況が懸念される防水下地の場合は、脱気装置（写真②）付き絶縁工法の採用を検討する。

脱気装置設置例

対策

1. 露出防水絶縁工法

下地の乾燥が不十分な状況ではプライマーの付着が悪く、防水層施工後に剥がれやすい箇所ができ、その後膨れに発展する。露出防水では、絶縁工法として脱気装置を設けることで、ほぼ膨れを防止できる。以下のような構成の下地では乾燥が遅いため、特に注意が必要である。

① デッキプレート等に現場打ちコンクリートを打設した下地 ☞ 片面のみの乾燥となるため

② 現場打ちコンクリートの下端に、断熱材を打ち込んだ内断熱工法の下地 ☞ 片面のみの乾燥となるため

③ 吸水性の大きい骨材(軽量骨材、パーライト等)を用いたコンクリートまたはモルタルを施した下地 ☞ 骨材に含まれた水分の乾燥が遅いため

④ 材料の吸水性が大きく、乾燥に日数を要する下地

2. 脱気装置

脱気装置の種類と概要 [5]

形　式	型	材　質	取付け間隔	備　考
	平場部脱気型	ポリエチレン ABS樹脂 ステンレス 鋳鉄	防水層平場 25～100m² に1個程度	防水面積の大きい場合など、必要に応じて立上がり部脱気型装置を併用することもできる
	立上がり部脱気型	合成ゴム 塩ビ ステンレス 鋼	防水層立上がり部長さ 10m間隔に 1個程度	防水面積の大きい場合など、必要に応じて平場部脱気型装置を併用することもできる

チェック

対策1 ☞
　ケース 9
　ケース14
　ケース15
対策2 ☞
　ケース14
　ケース15
対策3 ☞
　ケース14
　ケース15

3. コンクリート打設後の養生期間

一般的に、目視による表面状態は「むらのないよく乾いた色」であり、普通コンクリートで打設後3～6週間以上、スラブ下にデッキプレート等がある場合はコンクリート打設後6～9週間以上、かつ降雨後の適度な乾燥経過日数が必要である。

脱気装置による脱気効果模式図

防水工事のポイント

☞ アスファルト防水・露出仕様の密着工法においては、下地の乾燥期間を確保できる工程であるかを事前に確認すること。

☞ 乾燥が不十分となりやすい下地構成においては、脱気装置付き絶縁工法を採用すること。

☞ 防水下地の乾燥度については、高周波表面水分計等の機器による測定結果にのみ頼らないこと(簡易チェック法:43ページ・「対策1」参照)。

アスファルト防水・露出仕様
防水層の変形・膨れ

② 排水側溝を設けたために起きた膨れ

ケース14 屋根に設けた排水側溝の段差部に膨れが生じた!

現象
RC造7階建集合住宅において、竣工後2年が経過した頃より、露出仕様の屋上アスファルト防水の水下部に設けた排水側溝と屋上面との段差部に膨れが生じた。

原因
気温の変化により防水層が伸縮を繰り返すうちに、排水側溝の立上がり部で躯体と防水層の界面で剥離を起こしたものと考えられる。また、スラブ勾配が一方向のみで、排水側溝内で勾配をとっているため、段差部の立上がりが110〜30mmと低く、防水層の接着性も非常に悪かった。
漏水の発生は見られなかったが、将来的に側溝部付近の剥離・膨れが進行すれば、劣化を誘発して防水層が切れて漏水を引き起こすおそれがあった。

処置
膨れが発生した側溝部分のみ長手方向にルーフィングの張替えを行い、脱気装置を増設して膨れを防ぐ処置を行った（38〜39ページ参照）。今後は、定期的に状況を観察することにした。

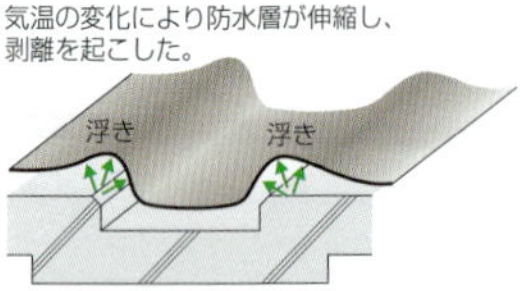

気温の変化により防水層が伸縮し、剥離を起こした。

浮き　浮き

排水側溝の段差部に生じた膨れ

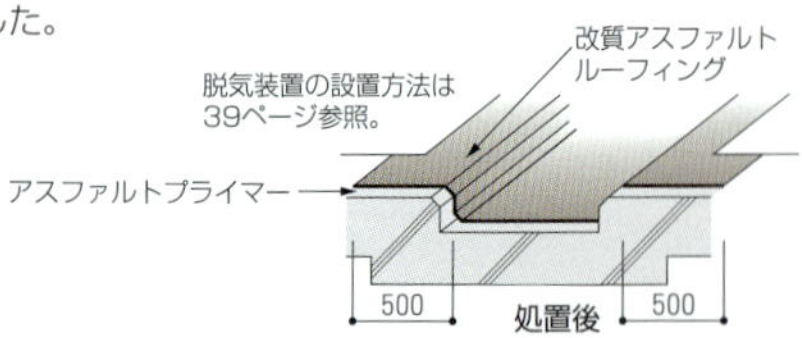

↓

脱気装置の設置方法は39ページ参照。

改質アスファルトルーフィング

アスファルトプライマー

500　処置後　500

対策

1. アスファルト防水露出仕様の下地勾配
段差部のコーナーでは、防水層に空隙・気泡・しわ等が生じやすいため、原則として排水側溝を設けず、スラブ勾配でドレンに集水する。

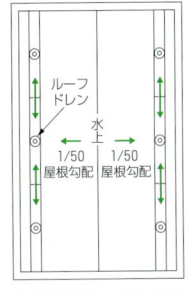

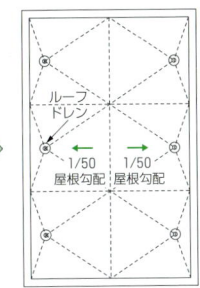

```
排水溝設置による排水方法        標準的排水方法
```
（図中：ルーフドレン、水上、1/50 屋根勾配）

2. アスファルトの溶融温度
アスファルトの溶融温度の上限は、材料製造所の指定する温度とするが、過熱による引火およびアスファルトの物性低下を防止するため、一般の3種および4種アスファルト(JIS K 2207：石油アスファルト)では、アスファルトの軟化点＋170℃程度を目安とする。

3. 周辺環境への配慮
市街地における周辺環境への配慮や作業環境改善等のニーズに対応して、低煙・低臭タイプの3種および4種アスファルトが多く使用されており、溶融粘度が低いことと煙の発生を抑制するために、アスファルトの溶融温度の上限は240〜260℃（下限は190℃）程度である。低煙・低臭タイプ3種アスファルトでは、約20℃も低い温度で一般の3種アスファルトと同等程度の溶融粘度となるので、従来のように温度を上げる必要がなく、結果的に煙や臭いの発生が少なくなっている。

チェック
対策1
ケース 3
ケース 7
ケース 13
ケース 18
ケース 41

> 低煙・低臭タイプのアスファルトでも、施工時の煙や臭いの発生を少なくするためには、アスファルト溶融時の温度管理は重要で、「改良型無煙がま」や「溶融アスファルト保温タンク」の使用も有効である。

防水工事のポイント

- 露出仕様の場合は、側溝を設けず、スラブ勾配によってドレンに集水するよう計画すること（49ページ・「対策2」参照）。
- 防水施工に際しては十分に乾燥を行い、膨れを防ぐこと。
- コンクリート打設時は確実にレベル管理を行うこと。
- 竣工後に防水層を剥がして側溝を埋めることは、その工事期間中に下階への漏水の原因となり、工事期間も乾燥時間等にかなりの日数を要することになるので注意する。

塗膜防水
防水層の変形・膨れ

① 防水下地の乾燥不足による膨れ

ケース15 ウレタン塗膜防水の膨れ箇所が損傷し漏水した!

現象
竣工後1年のRC造7階建工場研究棟で、最上階のウレタン塗膜防水が膨れを生じた(写真○印)。その後、膨れ箇所が損傷し、下階に漏水した。

原因
防水下地の乾燥が不十分な状態で防水施工をしたため、コンクリート内の水分が気化膨張し防水層を押し上げ、その繰り返しにより劣化し漏水した。

処置
排水側溝の水下部分だけに気泡が発生しており、不具合箇所のウレタン塗膜防水層を撤去した。その後、十分に乾燥させ補強シートで補強張りを行い、ウレタン塗膜防水を再施工した。

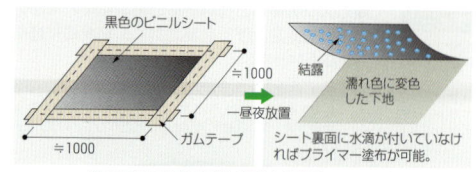

防水下地の乾燥状態を確認する簡易チェック法

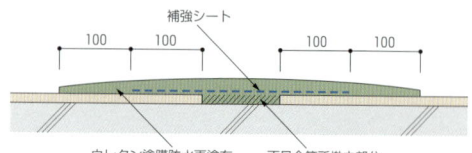

処置図(断面図)

対策

1. **下地乾燥状態の簡易チェック法**（42ページ・「処置」参照）
   露出防水の場合は、膨れ防止の観点から、黒色のビニルシート裏面に水滴がなくてもコンクリート表面が濡れ色になっている状態では、さらに乾燥期間をおくことが必要である。

2. **緩衝工法**
   下地の十分な乾燥が望めない場合は、緩衝工法（脱気）を採用する（39ページ・「対策2」参照）。ただし、平たん面（平場）のみを緩衝工法とし、立上がり面は密着工法を採用する。

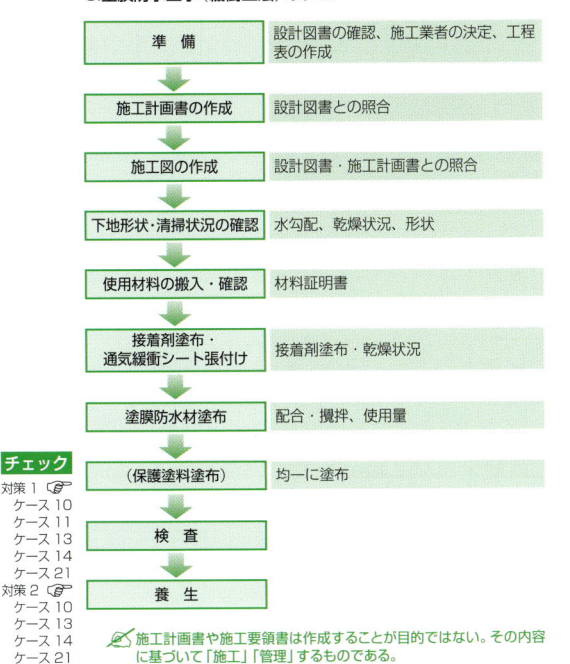

3. **塗膜防水工事（緩衝工法）のフロー**

フロー	内容
準 備	設計図書の確認、施工業者の決定、工程表の作成
施工計画書の作成	設計図書との照合
施工図の作成	設計図書・施工計画書との照合
下地形状・清掃状況の確認	水勾配、乾燥状況、形状
使用材料の搬入・確認	材料証明書
接着剤塗布・通気緩衝シート張付け	接着剤塗布・乾燥状況
塗膜防水材塗布	配合・撹拌、使用量
（保護塗料塗布）	均一に塗布
検 査	
養 生	

チェック
対策1 ☞
 ケース10
 ケース11
 ケース13
 ケース14
 ケース21
対策2 ☞
 ケース10
 ケース13
 ケース14
 ケース21

✐ 施工計画書や施工要領書は作成することが目的ではない。その内容に基づいて「施工」「管理」するものである。

防水工事のポイント

☞ 防水施工に先立ち、必ず下地の乾燥状態を確認すること。
☞ 防水下地の乾燥度の判定においては、高周波表面水分計等の機器による測定結果のみに頼らないこと。
☞ 十分な下地の乾燥が望めない場合は、緩衝工法（脱気）を提案すること。
☞ 塗膜防水は膜厚の確保が防水性能を左右するため、膜厚は使用量管理のほかに、ウェットゲージ等を使用した方法で確認すること。

8章 アスファルト防水・保護仕様
防水層端末部・接合部の剥離

① 建具下枠部の納まり不良による漏水

ケース16 外部建具の下枠の納まり不良で漏水した!

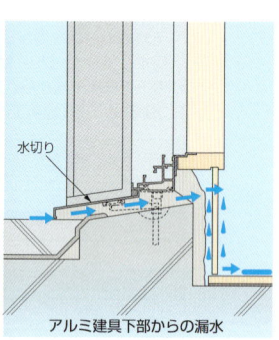

アルミ建具下部からの漏水

現象 竣工後5年のRC造8階建集合住宅で、8階住居部分のルーフバルコニーへの出入口であるアルミ建具の下枠付近から室内に漏水した。

原因 アルミ建具下端の防水立上がりが極端に少なく、防水層の端末部がアルミ建具下枠の手前で処理されていたため、防水層と建具との間にすき間が生じていた。

処置 以下①〜⑤の改善対策工事を行い、散水試験により室内および下階に漏水のないことを再確認した上、漏水により汚損した内装を復旧した。
① 出入口建具の外部水切りを取り外し、出入口建具際の外部床保護層をていねいに撤去してアスファルト防水層を露出させ、出入口建具下枠本体部と防水層取合いができるよう、立上がりコンクリートを一部斫り取った。
② 出入口建具下枠に、防水層取合い用のステンレス下地板を取り付けるとともに、防水下地調整を施した。
③ 既設の防水層と出入口建具下枠に、切付け防水を施した。
④ 外部床の保護層を復旧した。
⑤ 出入口建具下枠に、水切りを復旧した。

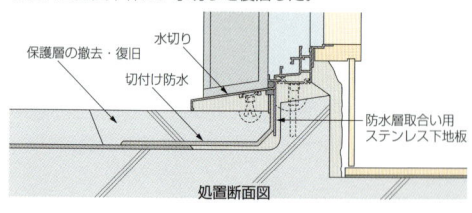

処置断面図

対策

1. サッシ抱き納まりの場合の防水層との納まり

サッシ本体を取り付け、水切りを取り付けた後に防水層を立ち上げる。防水施工完了後、平場・立上がり部ともに保護コンクリートを打設する。

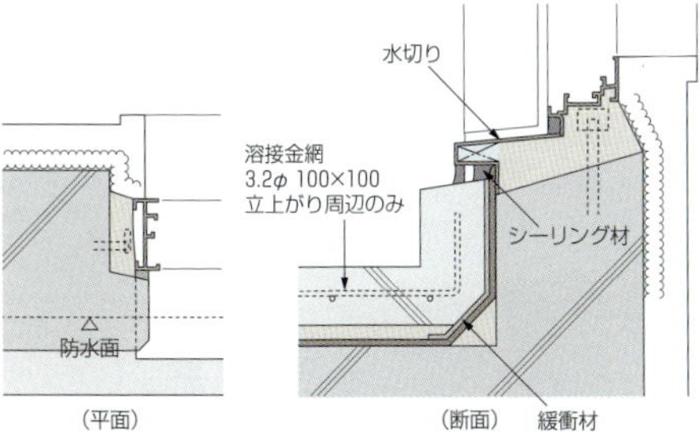

サッシ抱き納まり例（バルコニーや全面庇等がある場合）

2. サッシ同面納まりの場合の防水層との納まり

サッシ下枠に取り付けた防水層取合い用プレートに、防水層を立ち上げる。防水施工完了後、平場・立上がり部ともに保護コンクリートを打設する。

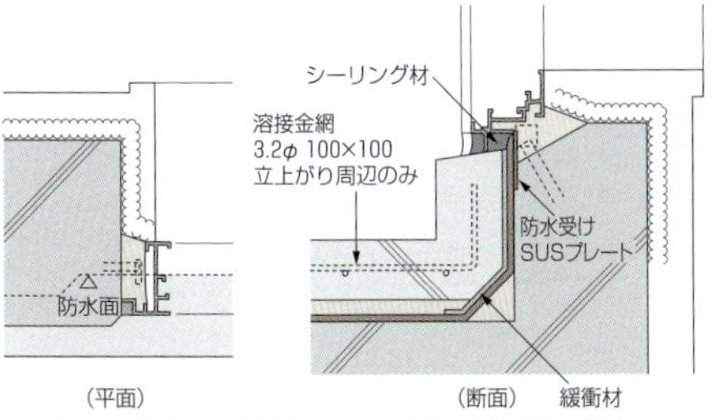

サッシ同面納まり例（バルコニーや全面庇等がある場合）

チェック
対策1 ☞ ケース32

 集合住宅のルーフバルコニー出入口は、極力オーソドックスな防水納まりとする。

防水工事のポイント

- ☞ 防水層立上り寸法は、一般あご付き部の立上り寸法と同等以上確保すること。
- ☞ サッシ下枠は、一般的に防水層と直接取り合わせる納まりを考慮した枠形状・寸法ではない。やむを得ず立上がり防水層と直接取り合わせる場合は、無理な納まりを避け、確実で漏水のおそれのない処置を施すこと。
- ☞ 止水ラインと防水手順を考慮した納まりにすること。

アスファルト防水・保護仕様
防水層端末部・接合部の剥離

② 水頭圧差による漏水

ケース17 浴室に隣接する脱衣室床カーペットに水濡れが発生した！

現象 竣工後7年のRC造3階建集会施設において、浴室出入口沓摺り回りからの漏水により、脱衣室踏込み部の床カーペットに水濡れが発生した。

原因 現場調査により状況を確認したところ、浴室の浴槽にお湯を張ったときの水位よりも低い浴室出入口沓摺り部分において、防水層立上がり端末と沓摺りが直接取り合っていなかったことがわかった。そのため、水頭圧差により浴槽内の水が防水層上部の仕上げ層を通って、浴室出入口下部の防水仕舞い欠落部より脱衣室側へ浸入し、上げ床下のコンクリートスラブ面を通り、踏込み部の床カーペットに水濡れを発生させた。

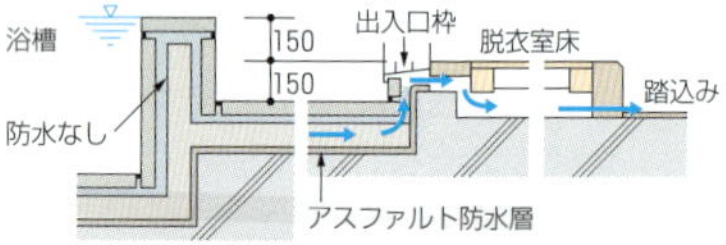

出入口沓摺りと立上がり防水層の取合い不備

処置 施設の長期休館期間を利用し、以下の処置を施した。
① 浴室の出入口近傍の床石および保護コンクリートを溝状に撤去してアスファルト防水層を露出させ、出入口沓摺りとアスファルト防水層間に、新たにシート防水による切付け防水を施した。
② 浴槽内の石を取り外し、塗膜防水による逸水対策を施した後に石を復旧した。

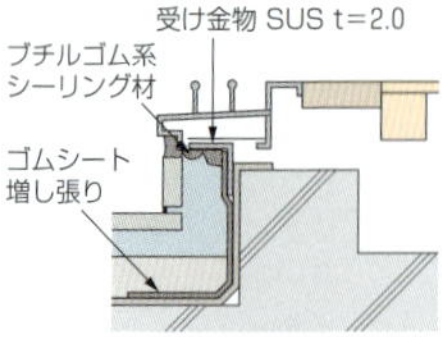

処置断面図

対策

1. 出入口沓摺りと防水納まり

水頭圧差を考慮し、以下①〜③の納まりとする。

① 出入口沓摺り（下枠）に、取合い用プレート等を介して、防水層を直接取り合わせる。

② 出入口建具の縦枠下部は、防水層立上がり部分と取合い仕舞いできるよう、建具枠の納まりを考慮する。

③ 防水施工は、狭い部分での取合い作業となるため、施工手順を考慮した納まりにする。

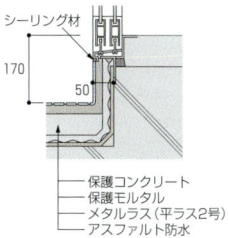

出入口沓摺りと防水の納まり例

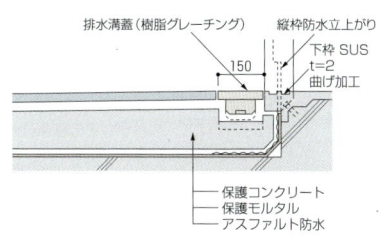

浴室出入口バリアフリーの納まり例

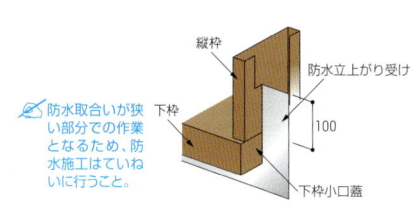

🖉 防水取合いが狭い部分での作業となるため、防水施工はていねいに行うこと。

チェック
対策1 ☞
 ケース 2
 ケース 5
 ケース 34

建具下部コーナーの納まり例

防水工事のポイント

☞ 防水層立上がり端末は、床面および水面より高く立ち上げること。
☞ 在来工法浴槽を設置した浴室で、浴槽が浴室床面より高い場合、出入口等の防水立上がりの低い部分は、水頭圧差に留意した納まりとすること。
☞ 出入口建具の縦枠下部と防水層取合いには特に注意すること。
☞ 出入口沓摺り回りの防水施工は、狭い部分での取合い作業となるため、ていねいに行うこと。

アスファルト防水・露出仕様
防水層端末部・接合部の剥離

① 水溜まり部の早期劣化で生じた接合部の剥離

ケース18 防水層の接着部が剥がれて漏水した！

現象　竣工後8年のS造5階建工場で、屋上より下階に漏水が生じた。屋上防水は露出仕様のアスファルト防水であったが、防水層の接着部が剥がれ、なおかつその箇所に水溜まりが生じており、防水層の裏側に雨水が浸入し漏水した。

原因　屋上には多くの機器が設置されており、常時機器よりブロー水が垂れ流しにされていた。そのため、機器付近の防水層は湿潤、乾燥が繰り返されることになり、接合部の劣化を促進させた。また、下地スラブ面の勾配を1/100としたため、勾配が小さく、水溜まりも生じたことが早期劣化につながった。

機器からのブロー水による水溜まり

処置　防水層の口あき・剥がれ等の劣化部は、防水層を再施工し、水溜まりが生じにくいよう補強張りを行った。また、可能な範囲で、機器からの排水管をドレンまで延ばして、直接防水層に排水しないようにした。

ドレンに導いた排水管

対策

1. **露出防水層の水溜まり防止対策**
   ①躯体により十分な水勾配を確保する。
   ②設備配管や縦樋はドレンまで配管し、露出防水層が濡れないように配慮する。

2. **水勾配の確保**
   防水下地となる屋上スラブの勾配は、保護層の有無により、下表を基本とする。

防水工法別屋上スラブの勾配

保護の有無	防水工法	勾配
保護防水	アスファルト防水	1/100～1/50程度を標準とする。
露出防水	アスファルト防水 改質アスファルト防水 シート防水 塗膜防水	防水の種類にかかわらず、1/50～1/20程度を標準とする。ALC下地においては、ALCパネルのクリープによるたわみの発生を考慮し、水勾配に対しALCパネルの長辺が直交方向となるように配置する。

3. **防水層の保護**
   上階からの雨水排水や機器からのブロー水が、直接防水層に流されると、排水が集中して当たる部分は早期劣化する。写真⑤は、コンクリート製雨受け石を防水層上部に置いて、直接の水掛かりから保護する単純な例。

チェック

対策1 ☞
　ケース 3
　ケース 14
対策2 ☞
　ケース 3
　ケース 14
対策3 ☞
　ケース 3
対策4 ☞
　ケース 1
　ケース 19
　ケース 25
　ケース 26
　ケース 29
　ケース 30
　ケース 35

📝 露出防水層上に雨受け石等を設置する場合は、緩衝材を挟むなど防水層の保護を考慮する。

防水層への直接の水掛かりを保護した例

4. **断熱防水と断熱材位置**
   断熱防水の断熱材は、原則として、保護層のある場合は防水層の上部に、露出防水の場合は防水層の下部に設ける。また、防水層の下部に断熱材を設ける場合は、要求される耐風圧性能(特に負圧)に対する接着強度や引抜き強度を確認する。

防水工事のポイント

☞ 露出防水では、水溜まりをつくらないこと。
☞ 水勾配は、躯体段階で検討し、露出防水の場合の水勾配は1/50～1/20程度とすること。下地の施工精度やルーフィング重ね部の段差の関係で、1/100程度の勾配では水溜まりができてしまうからであり、速やかな排水を確保するために必要な勾配である。
☞ 露出防水の上に安易に排水しないこと。必要な場合は、排水管をドレンまで引き込む。

アスファルト防水・露出仕様
防水層端末部・接合部の剥離

❷ 防水層貫通吊環回りからの漏水

ケース19 パラペット立上がり部に設置された吊環回りから漏水した!

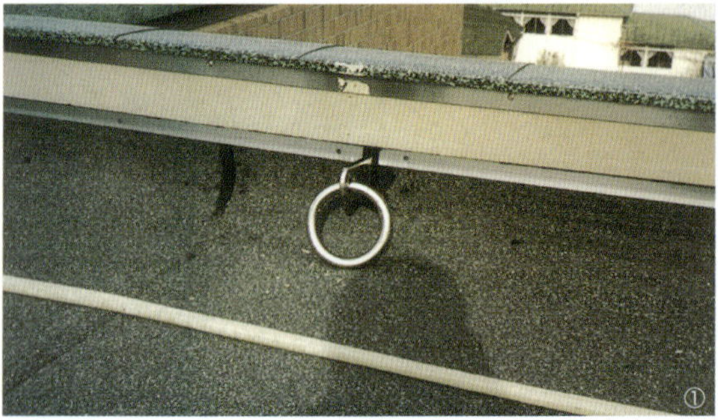

現象
竣工後5年のS造4階建事務所ビルで、アスファルト防水立上がり部分を貫通している吊環回りのシーリング材が劣化・破断し、下階に漏水した。

原因
漏水が生じた箇所の屋上パラペット回りを調査したところ、アスファルト露出防水の立上がり部分を吊環が貫通しており、取合いのシーリング材が劣化・破断し、かつ、防水層と吊環本体が突付けの納まりとなっていた。そのため、吊環回りから浸入した雨水が防水層の裏側に回り込み、漏水が生じてしまった。

処置
吊環回りのシーリング材を取り除いて清掃し、吊環回りに防水の補強張りを施し、吊環のブラケット回りにも巻き付け、補強張りした防水の上からステンレス製バンドで締め付けた。その後、周囲にゴムアスファルト系シーリング材を充填した。また、建物所有者に日常の点検をお願いした。

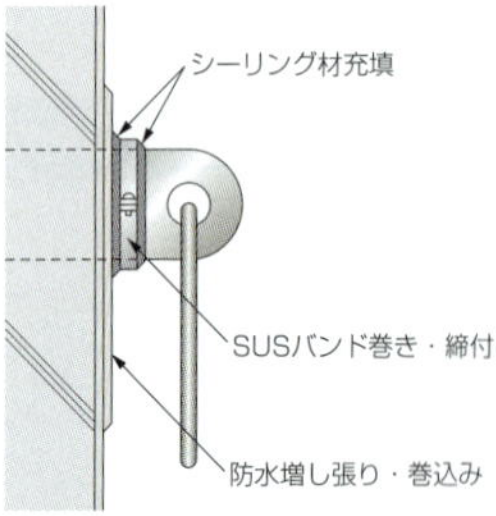

吊環回りに防水の補強張りを施した例

1. パラペット回りの吊環

対策

①吊環は、防水層と直接取り合わない、パラペットのコンクリートあご部に打込みとする。

パラペットのコンクリートあご打込み例

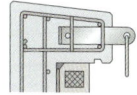

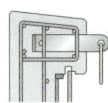

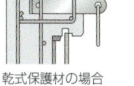

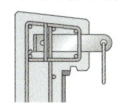

れんが押えの場合　　乾式保護材の場合　　露出防水の場合

②パラペットにコンクリートあごがない場合等で、やむを得ずパラペットの防水立上がり部分に設ける場合は、吊環本体（ブラケットやボルト）と防水層が突付け納まりの、シーリング材に頼る納まりは避ける。

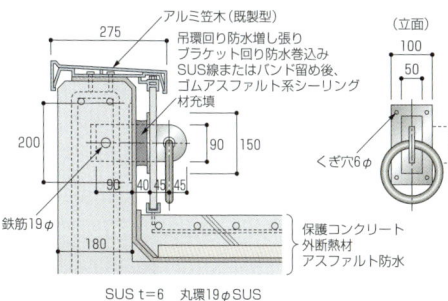

アルミ笠木（既製型）
275
吊環回り防水増し張り
ブラケット回り防水巻込み
SUS線またはバンド留め後、ゴムアスファルト系シーリング材充填
(立面) 100 / 50
くぎ穴6φ
200　90　150
90　40　45　45
鉄筋19φ　180
保護コンクリート
外断熱材
アスファルト防水

SUS t=6　丸環19φSUS
90　50　100
(平面)　90　40　90　SUS t=12

チェック
対策1 ケース23

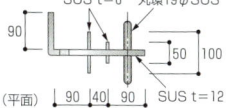

パラペットにコンクリートあごがない場合の吊環の納まり例

防水工事のポイント

☞ 吊環の要否は、建物のメンテナンス方法を含め事前に確認すること。
☞ 屋上の吊環は、パラペットのコンクリートあご部に打込みとし、安易に防水立上がり部分に設けないこと。
☞ 吊環の取付け高さが低く、丸環が屋上防水面に接するような場合には、防水層の損傷防止のため、丸環の接する周囲に防水の補強張りを施すか、または丸環のないアイナット型の吊環を検討すること。

シート防水
防水層端末部・接合部の剥離

① シーリング材挿入位置の不備等による剥離

ケース20 シーリング相互接着不良により漏水した！

現象
竣工後8年のRC造9階建事務所ビルで、屋上から下階事務室内に漏水した。屋上防水は加硫ゴム系シート密着工法であったが、シート相互の接着部分が剥離し、防水機能を果たせない状況であった（写真①②）。不具合は部分的なものではなく、広範囲に及んでいた。

原因
シート接着部を剥がして確認したところ、接着剤を塗り付けた上でシート端部にテープ状シーリング材を張り付けるべきであるが、テープ状シーリング材がシート端部になく、内部に使用されていた（写真③）。
シート防水におけるシート相互間の接着不良の原因は、このようなテープ状シーリング材の挿入位置とローラー転圧の不備による場合が多い。

テープ状シーリング材の位置不良

処置
剥離しているシートの接合部に接着剤を塗布して張り付けた後、幅200mm程度のシートを増し張りして補修した。

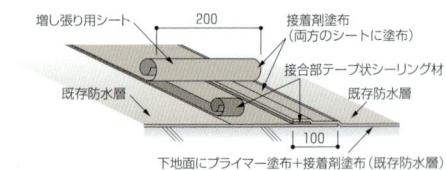

増し張り用シート　200　接着剤塗布（両方のシートに塗布）
接合部テープ状シーリング材
既存防水層　　　既存防水層
100
下地面にプライマー塗布＋接着剤塗布（既存防水層）
剥離した接合部の処置

対策

1. 加硫ゴム系シートの接合
加硫ゴム系シートの接合部は、接着剤塗布後のオープンタイムを考慮して、適切な時期にシート端部にテープ状シーリング材を張り付けた後、入念にローラー転圧を行う。

2. 各種シート防水の接合方法
各種シート防水のシートの接合幅と接合方法を下表に、接合部の処理例を下図に示す。

シートの種類別接合方法[6]

シートの種類	接合方法	平場の接合幅	平場と立上がり 接合幅	平場と立上がり 接合位置	平場と立上がり 接合順序
加硫ゴム系シート	接着剤による場合（テープ状シーリング併用）	長手・幅 100mm	150mm	立上がり面	平場先行
塩化ビニル樹脂系シート	溶剤溶着による場合、または熱融着による場合	長手・幅 40mm	40mm	平場部	平場先行
エチレン酢酸ビニル樹脂系シート	ポリマーセメントペーストによる場合	長手・幅 100mm	100mm	平場部	立上がり先行

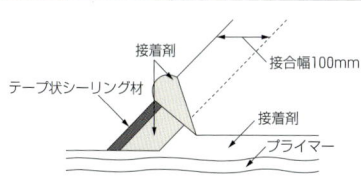

接合部の納まり（加硫ゴム系シートの場合）[7]

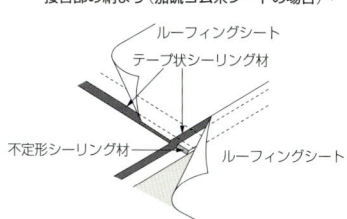

3枚重ねの処理例（加硫ゴム系シートの場合）[8]

チェック
対策1 ☞
 ケース 8
 ケース 9
対策2 ☞
 ケース 8
 ケース 9

防水工事のポイント

☞ シート防水の種類により、接合部や端末部の施工方法、材料が異なるため、基本的な納まりは理解しておくこと。
☞ テープ状シーリング材は、シート端部に入れること。
☞ 標準的な施工方法を適切に行うことで不具合は解消できる。専門工事業者任せにせず、どのような施工方法、手順で行うかを施工要領書や事前の打合せで確認した上で、施工管理を行うこと。
☞ シートが3枚重ねとなる接合部は、ていねいに施工すること。

9章 塗膜防水
防水層表面の劣化

① 膜厚不足による早期劣化

ケース21 ウレタン塗膜厚さ不足で早期劣化・剥離し、漏水した！

現象 竣工後4年のRC造8階建事務所ビルで、塔屋より漏水が生じた。塔屋の防水はウレタン塗膜防水の密着工法であったが、剥離等劣化が著しく、防水機能を消失した状況で、雨水がRC下地に回り込み下階へ漏水した。

原因 不具合箇所を調査したところ、塗膜防水の膜厚が部分的に不足していた。膜厚計で計測したところ、厚さは1mm程度しかなかった。このような薄い部分は、紫外線や熱により早期劣化を生じやすく、また下地の挙動にも追従できない。そのため、割れや剥がれを生じて漏水に至った。

処置 不具合の範囲がほぼ全面にわたっていたため、既存塗膜防水層を全面撤去して再施工した。再施工時は、膜厚を平場2mm、立上がり部1.5mmを標準とし、使用材料の硬化物比重から塗付量を求めて使用量を確認した。また、下地の精度が悪く、塗膜厚にばらつきが生じる可能性があったため、ウェットゲージを用いて実際の塗り厚を測定しながら施工した(33ページ・「対策2」参照)。

硬化物比重と塗膜厚確保に必要な使用量 (kg/m²)

硬化物比重	平　場	立上がり
0.9	1.8	1.4
1.0	2.0	1.5
1.1	2.2	1.7
1.2	2.4	1.8
1.3	2.6	2.0
1.4	2.8	2.1
1.5	3.0	2.3
1.6	3.2	2.4
1.7	3.4	2.6
1.8	3.6	2.7

対策

1. 膜厚の管理

①反応硬化後の膜厚計測に針入式膜厚計を用いると、防水層を傷つけるので使用しない。

②反応硬化前の塗膜厚計測は、ウェットゲージを使用する。

③反応硬化後の膜厚計測は、超音波式膜厚計(コンクリート下地専用)を使用する。

④塗膜厚の管理は、54ページ「処置」の表に示す材料比重による使用量管理を原則とする。ウレタンゴム系防水材の硬化物比重は、0.9〜1.8と幅が広いため、仕上げの平均厚さは平場で2mm以上、立上がり部で1.5mm以上とする。

2. 塗膜防水の適用部位

塗膜防水の適用[9]

部位	下地	防止層の種別 / 保護・仕上げの種類	L-UF 仕上塗装	L-UF ウレタン舗装材	L-US 仕上げ塗料	L-US ウレタン舗装材	L-AW 化粧材	L-GU 保護緩衝材 コンクリートブロック 現場打ちコンクリート
屋根(非歩行)	RC		○	○	○	※	—	—
屋根(非歩行)	PCa		○	○	○	※	—	—
屋根(非歩行)	ALC		—	—	○	※	—	—
屋根(軽歩行)	RC		—	○	—	○	—	—
屋根(軽歩行)	PCa		—	○	—	○	—	—
屋根(軽歩行)	ALC		—	—	—	—	—	—
屋根(運動場)	RC		—	○	—	○	—	—
屋根(運動場)	PCa		—	○	—	○	—	—
庇	RC		○	※	○	※	—	—
庇	PCa		○	※	○	※	—	—
開放廊下 ベランダ	RC		—	○	—	○	—	—
開放廊下 ベランダ	PCa		—	○	—	○	—	—
外壁	RC		—	—	—	—	○	—
外壁	PCa		—	—	—	—	○	—
外壁	ALC		—	—	—	—	○	—
地下外壁外部	RC		—	—	—	—	—	○
室内(便所・機械室など)	RC		○	※	○	※	—	—

凡例) ○:適用可／—:適用外／※:適用可であるが一般的ではない場合

L:塗膜防水層(Liquid)　F:下地へ全面接着させる防水層(Fully bonded)
U:ウレタン(Urethane)　S:下地へ部分的に接着させる防水層(Spoc bonded)
A:アクリルゴム(Acrylic rubber)　W:外壁用の防水層(Wall)
G:ゴムアスファルト(Gum)　U:地下外壁用の防水層(Underground)

チェック

対策1 ☞
ケース10
ケース11
ケース15
ケース43

対策2 ☞
ケース10
ケース11
ケース15
ケース43

防水工事のポイント

☞ 塗膜防水は、膜厚の確保が防水性能および耐久性を左右するので、膜厚管理を確実に行うこと。

☞ 膜厚は契約内容の仕様によるが、ウレタンゴム系は平場2mm以上、立上がり1.5mm以上が望ましい。

☞ 平均塗膜厚は、材料の比重から成膜後の必要膜厚を確保する使用量を算出して管理すること。

☞ 施工中の塗膜厚の確認には、ウェットゲージを使用すること。

10章 アスファルト防水・保護仕様 パラペットの異常

1 打ち継ぎ部からの漏水

ケース22 防水立上がりの打ち継ぎあご部より漏水した!

打ち継ぎ部(雨水浸入箇所)

現象 竣工後2年のRC造5階建事務所ビルで、屋上の南側に面した防水立上がりのあご部より下階事務所に漏水した。漏水があった事務所において、OA機器への被害が報告された。

原因 屋上防水立上がりのあご部のコンクリートは「後打ち」としていた。そのため、打ち継ぎ部から防水層の裏側へ雨水が浸入し、下階へ漏水した。また、「後打ち部」と「先行部」の躯体の取合い箇所は、防水処理を行っていなかった。

> やむを得ずあご部のコンクリートを後打ちする場合、単純に後打ちとせず、94ページの水切り金物による納まりも検討に加える。

「後打ち」されるあご部

処置 「後打ち」された防水立上がりあご部と「先行部」との取合い箇所に、加硫ゴム系シートによる防水処理を行った。

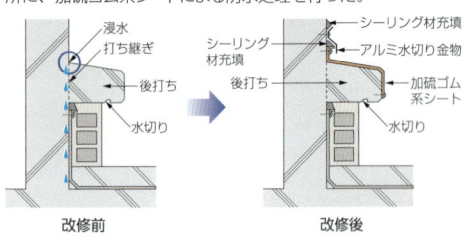

改修前 / 改修後

浸水 / 打ち継ぎ / 後打ち / 水切り / シーリング材充填 / アルミ水切り金物 / 加硫ゴム系シート / 水切り

対策

1. 屋上防水立上がりあご部の施工
防水立上がりあご部のコンクリートは、「同時打ち」とする。

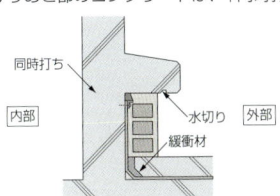

パラペットを同時打ちとする納まり例

2. 防水あご上でのコンクリートの打ち継ぎ
①打ち継ぎ位置は、あご部より50mm以上上げたところとする。
②打ち継ぎ面は外勾配とする。

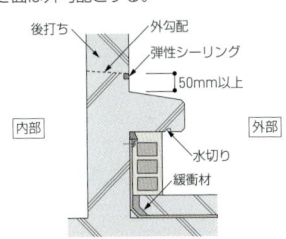

パラペットあご上でのコンクリート打ち継ぎ納まり例

3. 重要機能室
重要機能室とは、「水害を受けることで多大の損害が発生する場合」、「生命に危機を及ぼす場合」および「社会的混乱を招く場合」の建物の部分をいい、建物の用途や使われ方等により異なるため、本来設計段階で、各建物ごとに設定しなければならない。事故防止を図るためには、重要機能室に水配管を通さないことはもちろんのことであるが、直上階での漏水、さらにはその上階以上からの漏水についても検討が必要である。4階での漏水により1階に設置したATM（現金自動預入れ・支払い機）が被水した事故の報告もある。

防水工事のポイント

☞ 防水立上がりあご部のコンクリートは、「同時打ち」とすること。
☞ やむを得ずあご部のコンクリートを後打ちする場合、単純に後打ちとせず、水切り金物による納まりも検討に加えること（94ページ・「処置」参照）。
☞ コンクリートを防水あご上で打ち継ぐ場合、打ち継ぎ位置はあご部より50mm以上上げたところとし、打ち継ぎ面は外勾配とすること。

アスファルト防水・保護仕様
パラペットの異常

② パラペット部の立上がり寸法不足

ケース23 パラペット部の防水層立上がり寸法不足により漏水した！

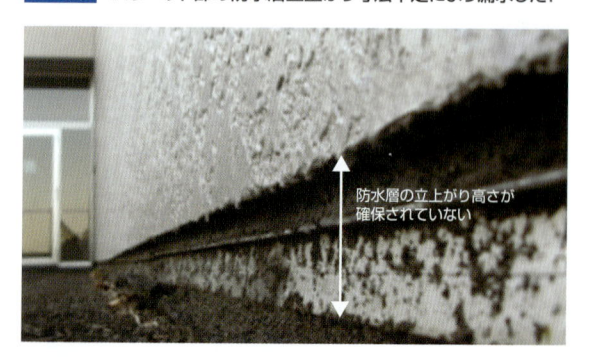

防水層の立上がり高さが確保されていない

現象
竣工後5年のRC造7階建事務所ビルで、屋上より下階に漏水が発生した。屋上を確認したところ、水上でパラペットの立上がり高さが不十分であることがわかり、跳ね上がった雨水が防水層端末部より防水裏に回り込んでいる形跡が確認された。

原因
パラペットの立上がり寸法を水下の床レベルを基準に決めたため、水勾配の関係から、水上では防水層の立上がり寸法不足になった。また、立上がり寸法が200mm程度以下になると、立上がり部の防水施工がやりにくくなり不完全な施工になりがちで、端末部や接合部に不具合が生じやすくなることも影響した。

処置
立上がり部から最初の伸縮目地までの範囲で保護コンクリートを撤去した。保護コンクリートを再施工すると、立上がり寸法が確保できなくなるので、右下図のようにモルタル仕上げとした。また、溝部に雨水が溜まらないように、保護コンクリートの撤去は排水ドレン位置まで連続させて行い、その範囲を防水再施工の上、モルタル仕上げを行った。

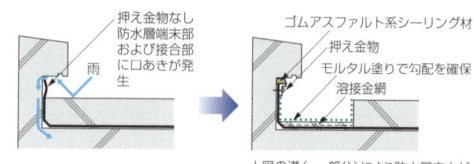

押え金物なし防水層端末部および接合部に口あきが発生
雨

ゴムアスファルト系シーリング材
押え金物
モルタル塗りで勾配を確保
溶接金網

上図の溝(…部分)により防水層立上がり高さを確保し、溝はドレンにつなげて溝内の雨水を排水できるようにした。

防水層立上がり寸法不足の処置例

対策

1. パラペットの下地の形状と寸法

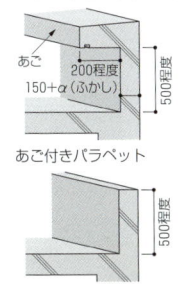

あご付きパラペット（200程度、150+α（ふかし）、500程度）

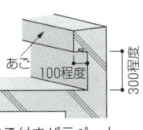

あご付きパラペット（100程度、300程度）

あごなしパラペット
コンクリートなどで保護する場合[10]（500程度）

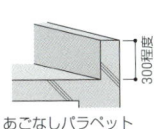

あごなしパラペット
露出防水の場合[11]（300程度）

2. パラペットの施工上の注意

①アスファルト防水層で立上がり部に保護層を設ける場合は、あごの出が少ない乾式工法の採用が好ましい。

②あごコンクリートの厚さは、配筋を考慮してその先端部で140mm程度、吊環などのアンカーがある場合は180mm程度とし、ダブル配筋とする。

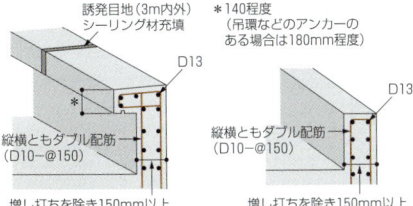

誘発目地（3m内外）シーリング材充填
＊140程度（吊環などのアンカーのある場合は180mm程度）
D13
縦横ともダブル配筋（D10-@150）
増し打ちを除き150mm以上

パラペットの構造（左：あご付き、右：あごなし）[12]

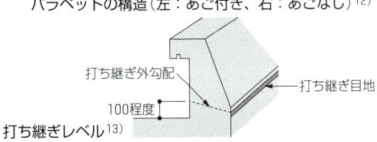

打ち継ぎ外勾配
100程度
打ち継ぎ目地

打ち継ぎレベル[13]

チェック
対策1 ☞
ケース 4
ケース 7
ケース 12
ケース 19
ケース 22
ケース 41
対策2 ☞
ケース 4
ケース 6
ケース 7
ケース 12
ケース 19
ケース 22
ケース 41

防水工事のポイント

☞ 防水の納まりを考慮して、躯体形状、パラペット高さを検討すること。
☞ 防水立上がり部には、あごコンクリートまたは笠木を設けること。
☞ 防水立上がり高さは、水上のレベルを基準とすること。水上の平場の仕上げ天端から250mm（寒冷地で積雪を考慮する場合は450mm）程度以上とする。
☞ 塔屋回りも同一レベルであごコンクリートを設けること。

アスファルト防水・保護仕様
パラペットの異常

③ 屋上緑化による漏水

ケース24 土壌の盛り過ぎにより雨水が防水層裏側に浸入した!

現象　竣工後15年のRC造5階建集合住宅で、屋上改修工事により屋上緑化を行った。建築主から、できるだけ土壌を高く盛り、防水層立上がり面を隠すよう要請があった。防水層天端まで土壌を盛って施工したところ、台風の大雨で雨水が土壌の上に溢れて下階住戸内に漏水した。

原因　雨水が盛り過ぎた土壌の上に溢れ、防水層立上がり天端を乗り越え、立上がりの防水層裏側に浸入した。防水層立上がり天端は押え金物を設置してシーリング処理を行っていたが、不十分であった。

漏水経路

処置　防水層立上がり回りの土壌を撤去して不具合箇所を特定し、雨水浸入箇所の防水層を撤去後に、防水層を再施工した。また、土壌の天端レベルを防水層立上がり天端より150mm程度下げた。

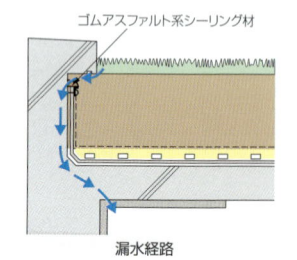

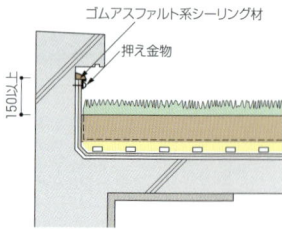

防水層の立上がりを確保した納まり例

対策

1. **植栽土壌の高さ**
   植栽土壌が直接防水層立上がり面に接する納まりは、できるだけ避ける。
2. **植栽土壌が防水層立上がり面に接する場合**
   直接防水層立上がり面に接する納まりを採用せざるを得ない場合、立上がり防水層天端は土壌天端レベルより150mm以上の高さを確保する。
3. **花壇の排水対策**
   植栽花壇部分に雨水が溜まらないように、屋上防水にかかわらない立上がり部のレベルを土壌天端に合わせて、水溜まりが生じないようにするか、またはオーバーフロー管を設置するなど、納まりに配慮する。
4. **植栽の防水仕様**
   防水仕様に耐根用の保護層を加えた耐久性の高い仕様にする。

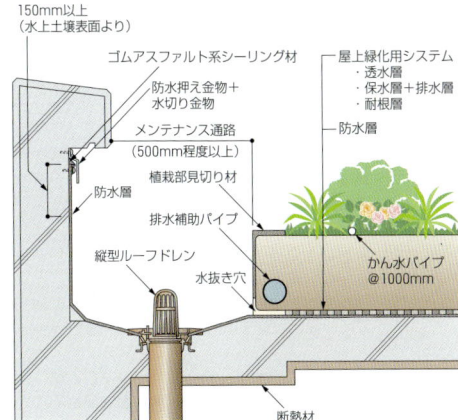

図中ラベル：
- 150mm以上（水上土壌表面より）
- ゴムアスファルト系シーリング材
- 防水押え金物＋水切り金物
- メンテナンス通路（500mm程度以上）
- 植栽部見切り材
- 防水層
- 排水補助パイプ
- 縦型ルーフドレン
- 水抜き穴
- 断熱材
- 屋上緑化用システム
  - 透水層
  - 保水層＋排水層
  - 耐根層
- 防水層
- かん水パイプ @1000mm

屋上緑化でのアスファルト防水の納まり例

防水仕様、植栽取合い、メンテナンス等について、事前に十分協議の上で決定すること。

チェック
対策1 ☞ ケース12 ケース32
対策2 ☞ ケース12 ケース32
対策4 ☞ ケース12 ケース32

防水工事のポイント

☞ 防水層立上がり面に土壌が接する場合、土壌の天端高さはパラペットの立上がり躯体の形状を考慮して決定すること。
☞ 花壇部分に雨水が溜まらない納まりとするか、あるいはオーバーフロー管の設置などを検討すること。
☞ 植栽部分の防水仕様は、一般仕様よりも耐久性の高い仕様とする。
☞ 屋上緑化屋根では、ドレンの目詰まりが生じやすいので、建物所有（管理）者に対し日常の点検清掃をお願いすること。

11章 アスファルト防水・保護仕様
伸縮目地の異常

① 機械基礎周囲の伸縮目地の設置不良

ケース25 伸縮目地の設置不良で機械基礎にひび割れの危険がある!

現象
竣工後2年の老人福祉施設で、屋上に設置された機械基礎が保護コンクリートの伸縮目地にまたがって設けられていた。また、基礎周囲に伸縮目地もないことから保護層の伸縮機能が果たせず、将来、機械基礎にひび割れの発生が予想される状況にあった。

原因
保護コンクリートのひび割れの発生が、即防水層の破断につながり、漏水に至るという事例が少ないことなどから、保護コンクリートの伸縮目地と機械基礎類との関係は軽視されやすく、原因は施工前の計画段階での検討不足にあった。

処置
機械基礎の周囲に、新たにカッター目地切りを計画したが、保護層の全断面にわたって防水層を傷めることなく施工することは困難であり、現在、ひび割れもないことから、状況の追跡観察を行い推移を見守ることとした。

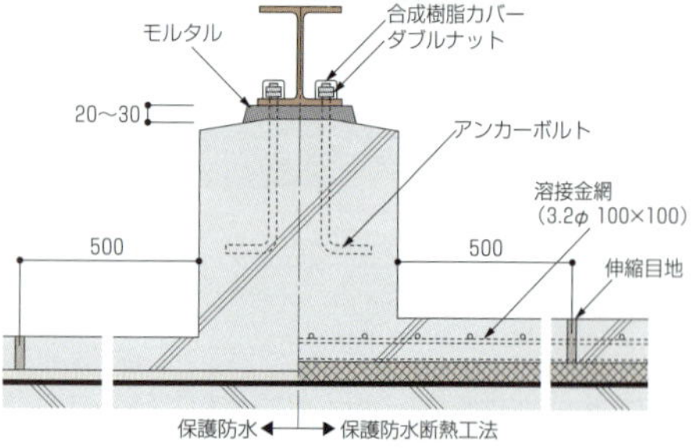

```
モルタル      合成樹脂カバー
              ダブルナット
20〜30        アンカーボルト
                          溶接金網
                          (3.2φ 100×100)
500           500         伸縮目地

保護防水 ←→ 保護防水断熱工法
```
防水上置型基礎の納まり例(布基礎の場合)

対策

1. 保護層の伸縮目地

屋根面の防水層上部の保護層には、保護コンクリートおよび仕上げ層の全断面にわたって、かつ、周囲の立上がり部等まで達するように伸縮目地を設ける。伸縮目地は、防水層の上部に施されたコンクリート等の保護層が乾燥収縮や温度・水分などによる伸縮でひび割れが発生したり、移動によってパラペット等を押し出したりすることを防ぐために設けるものである。機械類や手摺りの基礎などは、伸縮目地にまたがらないようにする。伸縮目地は縦・横3m間隔程度に設け、標準仕様書では成形目地材のみ規定している。成形伸縮目地材の目地幅は25mm、本体は目地幅の80%以上とする。

2. 機械基礎類と防水層

屋根面に設置する機械基礎類は、躯体一体型のコンクリート基礎を原則とする。防水のメンテナンス時に基礎上部の設備機器等が容易に移動できる状態で、やむを得ず防水上置型の基礎とする場合は、防水層に過度な荷重がかからないようにする。なお、断熱工法の露出防水にあっては、断熱材の圧密等による影響があることから、防水上置型の基礎は避ける。

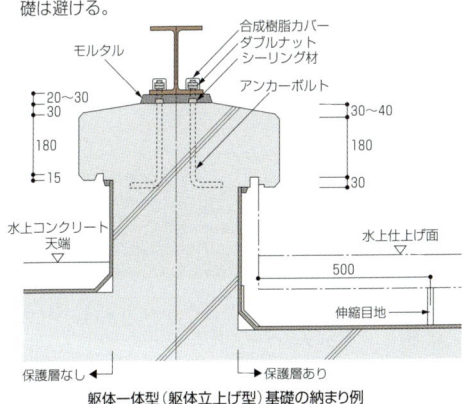

チェック
対策1 ☞ ケース4
対策2 ☞ ケース36

躯体一体型（躯体立上げ型）基礎の納まり例

防水工事のポイント

☞ 機械類や手摺りの基礎などは、伸縮目地にまたがらないようにすること。
☞ 機械基礎類は、むやみに防水層の上部に直置きとしないこと。特に、断熱工法の露出防水にあっては、断熱材の密圧等による影響があることから、防水上置型の基礎は避ける。
☞ 防水改修等のメンテナンス性を考慮すると、機械基礎類は躯体一体型（躯体立上げ型）の基礎を考慮すべきである。

アスファルト防水・保護仕様
伸縮目地の異常

❷ パラペット際の排水溝底目地の欠落

ケース26 排水溝底のモルタル塗り部分に目地が設けられていない!

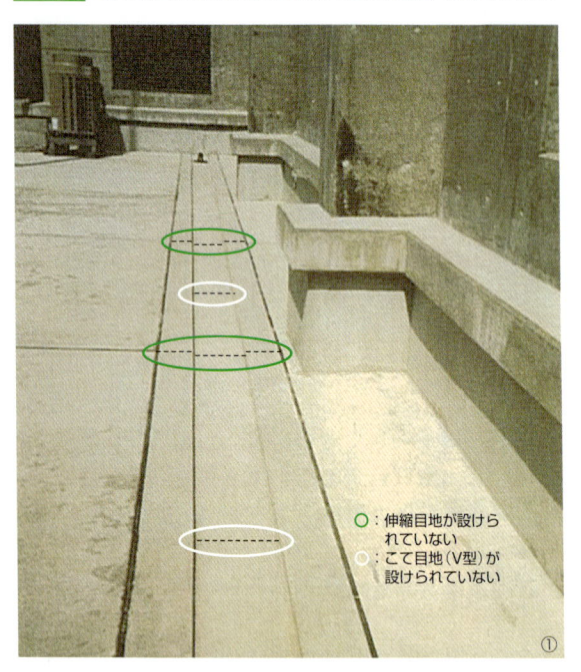

○：伸縮目地が設けられていない
○：こて目地（V型）が設けられていない

①

現象
施工中のRC造12階建事務所ビルの屋上で、水下のパラペット際に設けられた、排水溝底の水勾配付きモルタル塗り部分に、こて目地（V型）が設けられておらず、モルタル塗り面にひび割れの発生が予想された。

原因
排水溝底の水勾配付きモルタル塗り面において、ひび割れ誘発のためのこて目地（V型）は軽視されやすく、原因は施工前段階の計画不足にあることがわかった。

処置
この事例においては、排水溝ボーダーコンクリートおよび溝底モルタル塗り面に伸縮目地がなく、かつ、モルタル塗り面の伸縮目地間にこて目地（V型）も施工されていなかった。モルタル塗り面のひび割れは、微細なものが数箇所散見される程度であったため、ボーダーコンクリートおよび溝底モルタル塗り面の伸縮目地位置にのみカッター目地を施した。

対策

1. 排水溝底モルタルのひび割れ対策

① 排水溝底モルタルは勾配1/200以上とし、水下部分で塗り厚20mm以上、金ごて仕上げとする。ただし、断熱工法の場合は溶接金網(ステンレス製3.0φ 50×50mm程度)を挿入し、塗り厚は40mm以上とする。

② 一般平場の伸縮目地に合わせ、伸縮目地(目地幅20mm以上)を引き通す。

③ 伸縮目地間に、こて目地(V型)を@1500mm程度に設ける。

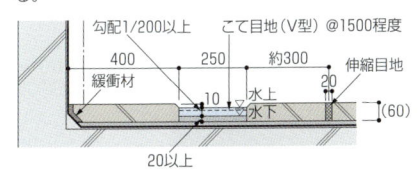

保護防水溝部納まり例

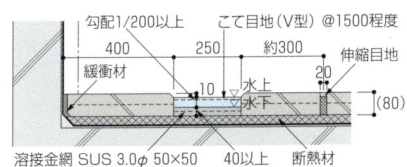

保護防水断熱工法溝部納まり例

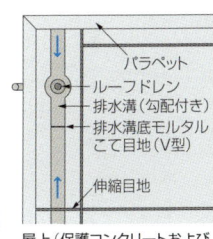

チェック
対策 1
ケース 4

屋上(保護コンクリートおよび排水溝底)目地割り例

排水溝底目地の良い納まり例

防水工事のポイント

☞ 一般平場の伸縮目地は、排水溝部も引き通すこと。
☞ 排水溝底の水勾配付きモルタル塗り面には、@1500mm程度にこて目地(V型)を設けること。
☞ 排水溝底の水勾配は一般的に1/200程度と緩く、水溜まりが生じやすいため、特に集合住宅の外部廊下やバルコニーにおいては、ルーフドレンの設置間隔を狭めるなどして、排水溝底の水勾配確保に努めること。

12章 アスファルト防水・保護仕様 ドレンの不備

① ドレンのメンテナンス不良による漏水

ケース27 屋根ドレンのメンテナンス不良により漏水した！

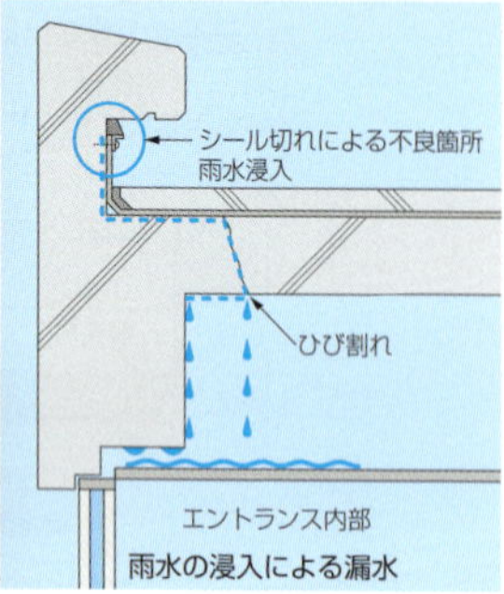

ルーフドレンの詰まりにより溢れた雨水が、防水立上がり端末の取合いシーリング材の不良箇所から防水層裏面に浸入した

シール切れによる不良箇所雨水浸入

ひび割れ

エントランス内部
雨水の浸入による漏水

現象 竣工後8年のRC造5階建事務所ビルで、温度変化や乾燥収縮により、エントランス上の屋根スラブのコンクリートに生じたひび割れ部分から、エントランス内に漏水した。

原因 庇上部に設置された2箇所のドレンがメンテナンス不良によりごみで詰まり、防水立上がり上部の不良箇所からオーバーフローし（写真①○印）、エントランス内に漏水した。

処置 ごみを撤去し、防水立上がり不良箇所をブチルゴム系シーリング材の打替えで補修した。
また、ごみ詰まりを防ぐため、ドレンにステンレス製の網を取り付けた（写真②）。

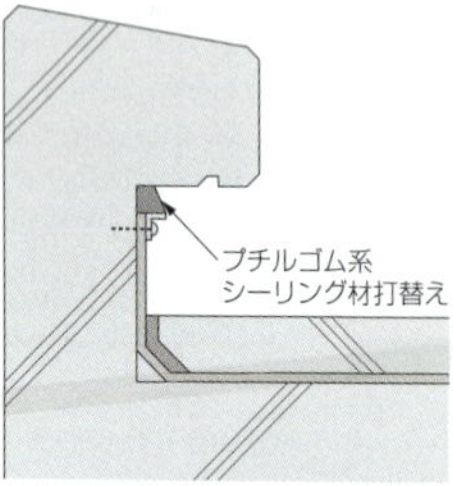

ブチルゴム系シーリング材打替え

ブチルゴム系シーリング材の打替えによる補修

網は風等で飛散しないよう、排水口部分に着脱可能なように設置する。

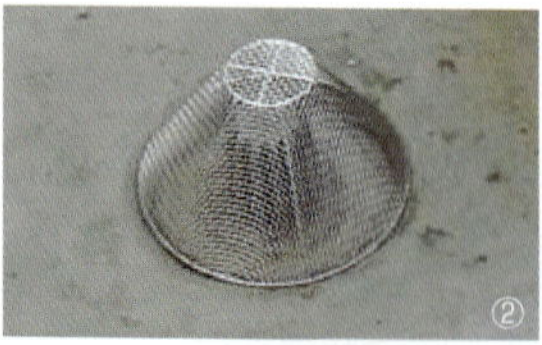

ステンレス製の網

対策

1. ドレン保守点検
① 日常点検は少なくとも半年ごと程度に、特に梅雨や秋の長雨シーズン、台風シーズンを意識して行うのがよい。
② 点検項目は、屋根への飛来物や雑草等の成長、ルーフドレンの詰まりや本体の錆・割れ等。

2. アスファルト防水工事（保護仕様）のフロー

工程	内容
準　備	設計図書の確認、施工業者の決定、工程表の作成
施工計画書の作成	記載事項の確認
施工図の作成	設計図書・施工計画書との照合、重要部納まり図の作成
下地形状・清掃状況の確認	水勾配、乾燥状況、形状
使用材料の搬入・確認	材料証明書
プライマー塗布	プライマーの塗布・乾燥状況
アスファルトの溶融	溶融温度の確認、溶融釜設置の安全性確保
ルーフィングの張付け	重ね代・流し張りの手順確認、立上がり部の接着性
防水層端末部・ドレン回りの補修	立上がり端末の押え、ドレンへの掛かり代、増し張り
保護層	絶縁層敷設、施工時の防水層損傷防止
仕上げ	養生
検　査	
養　生	

チェック
対策1
　ケース 1
　ケース 24
　ケース 29
　ケース 31
対策2
　ケース 1
　ケース 4
　ケース 12
　ケース 16
　ケース 22
　ケース 23
　ケース 24
　ケース 25
　ケース 26
　ケース 28
　ケース 29
　ケース 32
　ケース 35
　ケース 36
　ケース 39
　ケース 40

防水工事のポイント

☞ 屋根には排水口を2箇所以上設けること。ただし、小面積の屋根においては1箇所をオーバーフローに代えてもよいが、排水能力は排水口のみで確保する。
☞ 樹木が多く木の葉などが飛散しやすい場所のドレンは、詰まらないよう網を設けるなどの処置をすること。
☞ ドレンは詰まりやすい状況にあるため、日常のメンテナンスを建物所有（管理）者にお願いすること。

アスファルト防水・保護仕様
ドレンの不備

② オーバーフロー管の設置不良による漏水

ケース28 オーバーフロー管が機能不良を起こした!

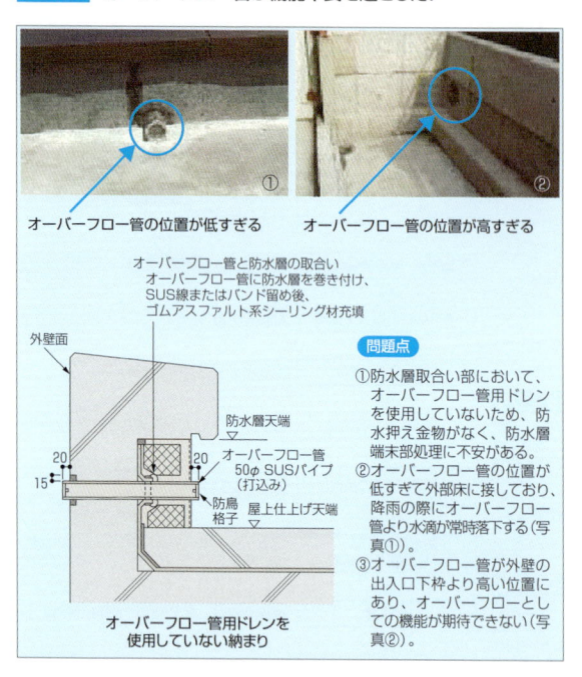

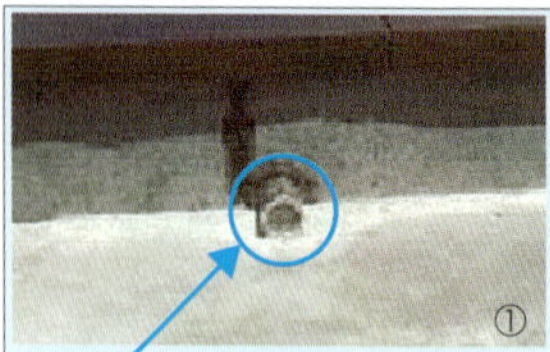

オーバーフロー管の位置が低すぎる 　　オーバーフロー管の位置が高すぎる

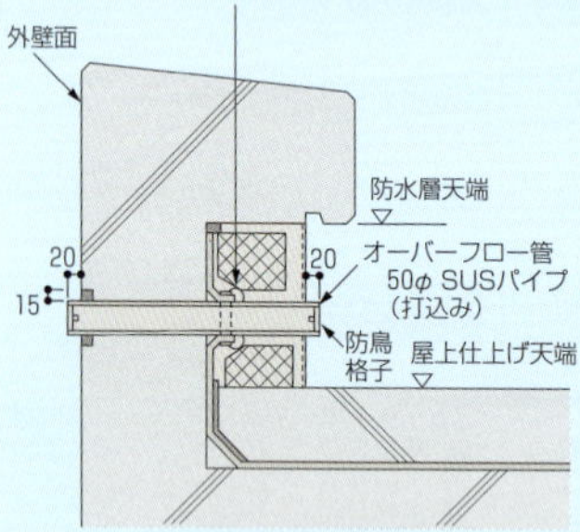

オーバーフロー管と防水層の取合い
オーバーフロー管に防水層を巻き付け、SUS線またはバンド留め後、ゴムアスファルト系シーリング材充填

外壁面
防水層天端
オーバーフロー管 50φ SUSパイプ (打込み)
防鳥格子
屋上仕上げ天端

オーバーフロー管用ドレンを使用していない納まり

問題点

①防水層取合い部において、オーバーフロー管用ドレンを使用していないため、防水押え金物がなく、防水層端末部処理に不安がある。
②オーバーフロー管の位置が低すぎて外部床に接しており、降雨の際にオーバーフロー管より水滴が常時落下する(写真①)。
③オーバーフロー管が外壁の出入口下枠より高い位置にあり、オーバーフローとしての機能が期待できない(写真②)。

現象　写真①:施工中のRC造4階建集合住宅で、オーバーフロー管の取付け位置が低すぎるため、降雨の際にオーバーフロー管より水滴が常時落下することが容易に予想された。
写真②:施工中のRC造5階建保養所で、オーバーフロー管の取付け位置が外壁の出入口下枠より高い位置にあり、その機能が果たせていないのが明白であった。

原因　写真①②とも、設計図書による外部仕上げレベルや外壁の出入口下枠の高さ等、計画段階での確認不足が原因である。また、オーバーフロー管用ドレンを使用していないため防水押え金物がなく、シーリング仕舞いとなっていた。

処置　当該事例においては、いずれも工事中であったため、オーバーフロー管用ドレンを用いて、オーバーフロー本来の機能が確保できるよう、適正な位置に手直し施工を行った。

対策

1. **オーバーフローの設置**

   屋根には排水口を2箇所以上設ける。ただし、小面積の屋根においては1箇所をオーバーフローに代えてもよい。オーバーフローを設置する場合でも、排水能力は排水口のみで確保する。

2. **オーバーフロー管と防水層の取合い**

   オーバーフロー管は、防水層との取合いを考慮し、オーバーフロー管用ドレンを用いてコンクリートに打ち込む。

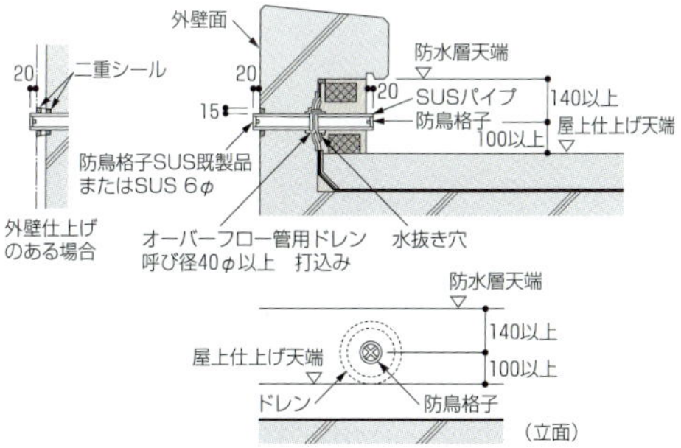

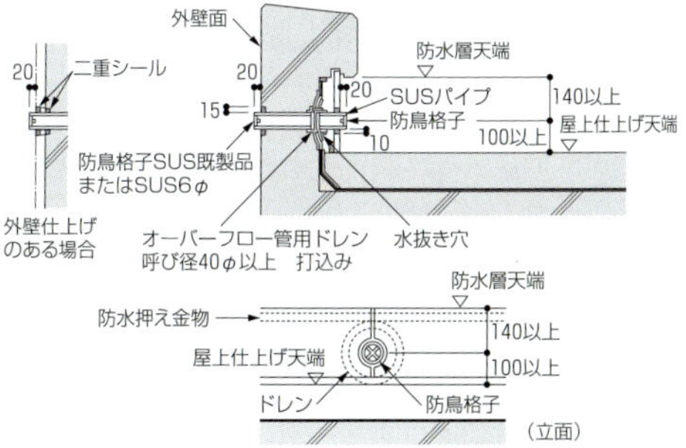

チェック
対策1
 ケース 1
 ケース27

オーバーフローの納まり例

防水工事のポイント

☞ オーバーフロー管を設置する場合は、周囲の防水立上がり高さと外壁の開口高さ等を考慮して決定すること。
☞ オーバーフロー管は、防水層との取合いから、オーバーフロー管用ドレンを用いてコンクリート打込みとすること。
☞ オーバーフロー管の両端には、防鳥格子を設けること。
☞ パラペットの外側に層間変位追従の外壁パネルを設置する場合は、外壁パネルの動きに応じたクリアランスを確保すること。

アスファルト防水・保護仕様
ドレンの不備

③ ドレン横引き管接続部からの漏水

ケース29 縦型ドレンと横引き管（呼び樋）の接続部から漏水した！

現象
竣工後9年のRC造5階建医療施設において、年1回の消火栓水圧テストが実施された。その際、屋上に放流された水がルーフドレン回りに溢れ、その水圧でルーフドレンと天井裏雨水排水管の差込み式接合部から漏水し、下階の医療機器類に損傷を及ぼした。なお、この建物は竣工後一度もメンテナンスが施されていなかった。

原因
ルーフドレンに接続された横引き管（呼び樋）内に、竣工後に堆積した細かい落葉等があり、またルーフドレンと横引き管（呼び樋）の接合部が差込み式となっていたため、多量の水が瞬時に流れ込んだ際、ルーフドレン回りに溢れた水の水圧により、接合部から漏水した。

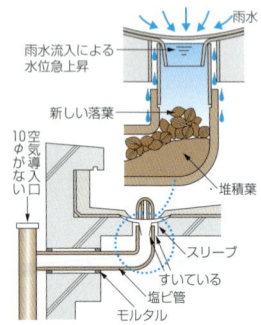

ルーフドレン接続部の不具合状況

雨水／雨水流入による水位急上昇／新しい落葉／10φ空気導入口がない／堆積葉／スリーブ／すいている／塩ビ管／モルタル

処置
以下①〜⑤の改善対策工事を行い、通水試験により管内に異物等がないことを再確認し、建物所有者に日常の点検清掃をお願いした。
①横引き管（呼び樋）内の堆積物を除去。
②逆流防止対策（ルーフドレンとVP管のすき間の密封）。
③ルーフドレン上部にさらに細かい網目の籠をかぶせ、細かい落葉の流入を防止（66ページ・「処置」写真②参照）。
④掃除口兼用の空気導入口を縦樋最上部に設置。
⑤重要機能室の天井裏に防水パンを設置。

1. ルーフドレンの設置上の注意

① ルーフドレンに取り付く縦樋や呼び樋の接合部が屋内にある場合は、ねじ込み式継手とする。
② 松などの細かい落葉が堆積する可能性がある場合は、網目の細かいステンレス製の籠をルーフドレンストレーナの上部にかぶせる等の対策を講じる（66ページ・「処置」参照）。
③ 縦樋最上部に空気導入口を設ける（70ページ・「原因」参照）。
④ 万一の漏水を考慮して、重要機能室の天井裏に雨水管を通さない。やむを得ず通さなければばらない場合は、二重スラブや天井裏に防水パン等の安全対策を施す。

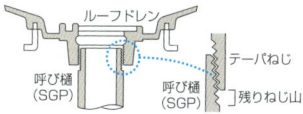

- ねじはJIS B 0203（管用テーパねじ）とする。
- 残りねじ山は、64A〜100Aは3〜4山、125A以上は4〜5山以下とする。
- シールは、テープシールまたは液状シールを使用する。

ルーフドレンと呼び樋のねじ込み要領

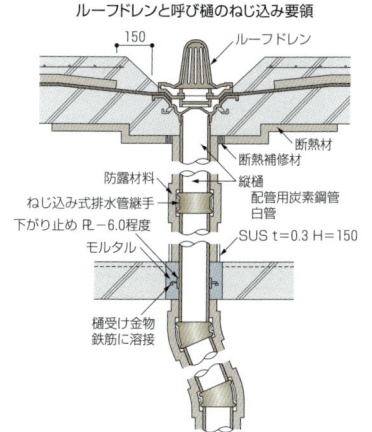

ルーフドレン接続部の納まり例（断熱工法の場合）[14]

チェック
対策1
ケース27
ケース30
ケース31

防水工事のポイント

- ☞ ルーフドレンに取り付く縦樋や呼び樋の接合部が屋内にある場合は、ねじ込み式継手とし、差込み式継手は使用しないこと。
- ☞ 重要機能室の上部にルーフドレンの設置や、重要機能室の室内に雨水排水管を通さないこと。やむを得ず通さなければならない場合は、安全対策を講じる。
- ☞ 細かい落葉等があるルーフドレンには細かい網籠を設置すること。
- ☞ 建物所有（管理）者に対し、日常の点検清掃をお願いすること。

アスファルト防水・露出仕様
ドレンの不備

① ドレンの設置位置不良による漏水

ケース30 排水ドレンの設置位置不良によりドレン回りから漏水した!

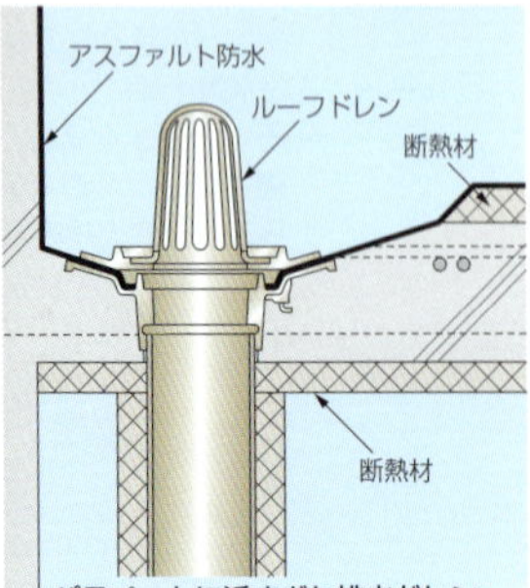

パラペットに近すぎた排水ドレン

現象 竣工後3年のRC造10階建集合住宅で、屋上ドレン回りより10階共用廊下の庇揚げ裏部に漏水した。

原因 排水ドレンの位置がパラペットに接近しすぎたため、排水ドレン回りの防水施工を確実に行うことができなかった。下図はドレン回りの標準的な補強張りの配置であるが、立上がり部からドレンまでの距離を確保しなければ、防水施工が不確実になることがわかる。

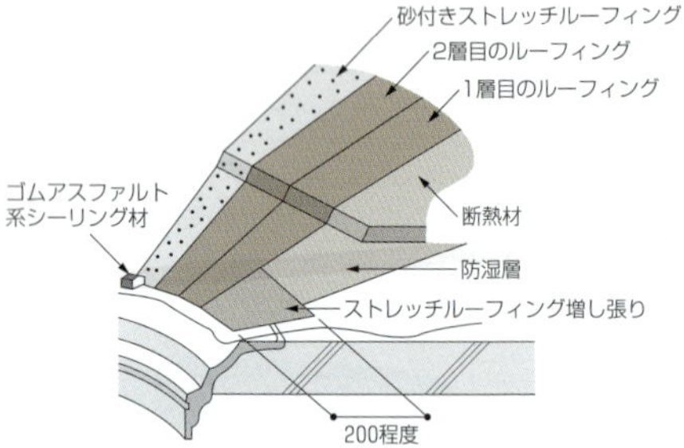

ドレン回りの複雑な納まり例[15]

処置 竣工後にドレンの位置を変更することは困難であり、無理に実施すると後付けドレンの固定が不確実となり、漏水発生の危険性があると考え、ドレン位置は変更せずに、防水施工を念入りにやり直して対処した。

対策

1. ドレンの位置と立上がりとの関係

ドレンは防水施工に支障が生じない位置に設ける。入隅部やドレン回りでは、ストレッチルーフィング増し張り幅が150〜200mm程度必要なことから、立上がり面からドレンのつば先までは、300mm程度離す必要がある。

ルーフドレン径とその中心から外壁面までの距離[16]

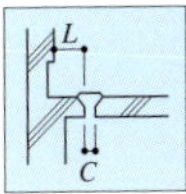	ルーフドレン径 C(mm)	80	100	125	150	200
	中心距離 L(mm)	325	350	375	400	425

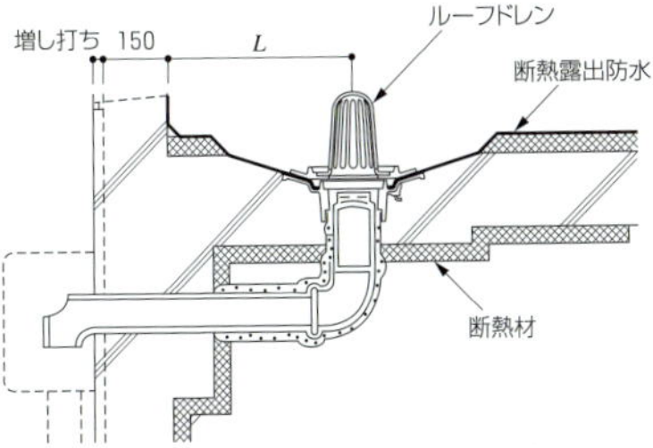

縦引き型ドレン回りの納まり例

2. ドレン設置上の注意事項

☞15ページ・「対策」を参照。

🖉 ドレンは打込みが原則！
コンクリート打込み時にドレンが動くと後処理が問題となるため、打込み時のドレンの固定は確実に行うこと。

3. ALCパネルへのドレン設置

ALC用ドレンを使用し、貫通孔は墨出しに合わせて精度良く行う。また、ドレンのつば皿を埋め込むための加工を行い、ドレンが固定した後で防水工事を行う。

🖉 ドレン回りに大きな加工が予想される場合、水下側をRCスラブ（現場打ちコンクリート）の排水側溝とし、ドレンへの集水性を確保する等も検討する。

チェック
対策1 ☞ ケース29
対策2 ☞ ケース 1 ケース29
対策3 ☞ ケース 3

防水工事のポイント

☞ ドレン位置は、躯体施工図の段階で十分検討して決めること。
☞ ドレンは、各種防水仕様に対応した適切な形状のものを選定すること。
☞ ドレン回りのレベルは、周辺コンクリートレベルより下げること。
☞ ドレンは、防水立上がりから適切な距離を離すこと。
☞ ドレン形状は、つば長さ、ストレーナ形状に留意すること。
☞ 屋根には、ドレンを2箇所以上設けること。

塗膜防水
ドレンの不備

① 屋内雨水排水管の詰まりによる漏水

ケース31 屋内雨水排水管が詰まり継手部から溢水した!

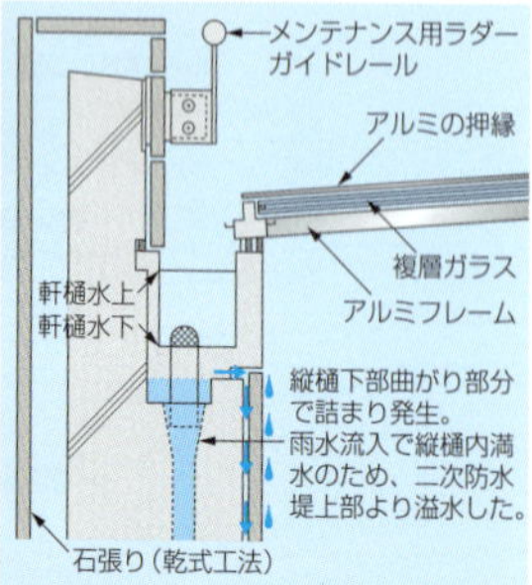

図中ラベル:
- メンテナンス用ラダーガイドレール
- アルミの押縁
- 複層ガラス
- アルミフレーム
- 軒樋水上／軒樋水下
- 縦樋下部曲がり部分で詰まり発生。
- 雨水流入で縦樋内満水のため、二次防水堤上部より溢水した。
- 石張り(乾式工法)

① 縦樋下部曲がり部分の詰まりによる漏水

現象 竣工後9年のSRC造3階建事務所ビルで、集中豪雨時にトップライト下部の壁や、さらにその下の階の天井より漏水した。この不具合発生以前から、漏水により発生すると思われる兆候が確認されていた。

原因 トップライト部の軒樋はステンレス製で、コンクリート躯体打込み50φの漏斗型ステンレス縦樋に、60φの落し口が差込み式で納められていた。縦樋は、コンクリート躯体打込み部材と現場溶接で接合され、溶接部の一部にピンホールが確認された。曲がりも多く、その中の1箇所が詰まっていた。

処置 軒樋落し口からの注水テストや縦樋の切断調査等による確認後、以下①〜④の処置を施した。
① 縦樋の溶接箇所を調査・補修し、不具合のないことを確認した。
② 軒樋の落し口からの過大な雨水流入を抑制するようにした。
③ 軒樋に、オーバーフローを新たに設置した。
④ パラペットと軒樋の取合い部のメンテナンス性を改善した。

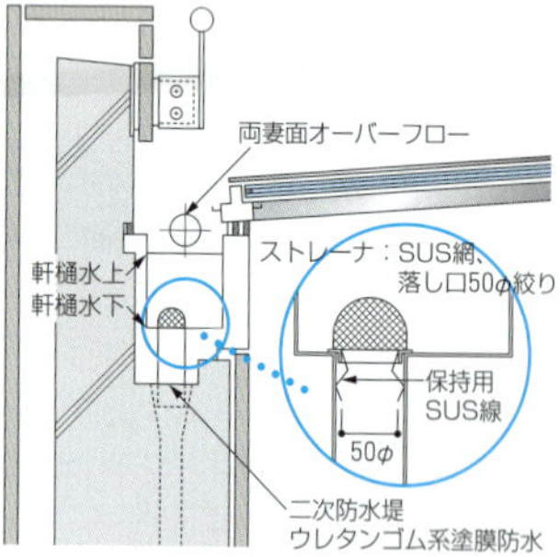

図中ラベル:
- 両妻面オーバーフロー
- 軒樋水上／軒樋水下
- ストレーナ:SUS網、落し口50φの絞り
- 保持用SUS線
- 50φ
- 二次防水堤 ウレタンゴム系塗膜防水

トップライト軒樋部断面

対策

1. 外部軒(谷)樋
① 軒(谷)樋の継手は、水密溶接とする。
② 軒(谷)樋の寸法や納まりは、メンテナンス性を考慮する。

2. 屋内の雨水排水管
① 雨水排水管の管径(呼び径)は、80mm以上とする。
② 屋内に設ける樋および呼び樋は鋼管とし、継手はねじ込み式または溶接式を用いる。
③ 呼び樋・縦樋を取り付けた後、通水試験により管内に異物等のないことを確認する。特に、屋内部分については満水試験を行い、継手部分・曲がり管部分等から漏水のないことを確認する。

3. 漏水発生後の処置手順

② 軒樋部への注水テスト
③ 軒樋下部内壁への漏水確認 
④ 壁仕上材撤去後の排水管露出 
⑤ 排水管接合部(溶接)調査 
⑥ 排水管の切断による排水管内部調査 
⑦ ファイバースコープによる排水管内の調査 

チェック
対策2 ☞ ケース29

防水工事のポイント

☞ 屋内の雨水排水管の接合部は、ねじ込み式または溶接式継手とし、差込み式継手は使用しないこと。
☞ 降雨量の設定は、短時間(10分間最大降雨量)の豪雨を考慮して決定すること。
☞ 屋根の上部に壁がある場合は、壁面積の50%を屋根面積に加えた排水計画とすること。
☞ 建物所有(管理)者に対し、日常の点検清掃をお願いすること。

13章 アスファルト防水・保護仕様
開口部回りの漏水

① トップライトからの漏水

ケース32 トップライトの防水立上がりが低く豪雨で下階に漏水した！

現象 竣工後6カ月のS造8階建事務所ビルで、集中豪雨によりアトリウム屋根のトップライトから漏水し、この雨水により下階の天井ボードに水濡れが発生した。

原因 トップライト部分の防水立上がりが極端に低く（①）、かつ、屋上緑化により実質の屋上レベルがかさ上げされていた（②）。また、排水側溝内に化粧用の玉砂利が敷設されていた（③）ため、豪雨で水引きが悪かったことが漏水発生の原因となった。

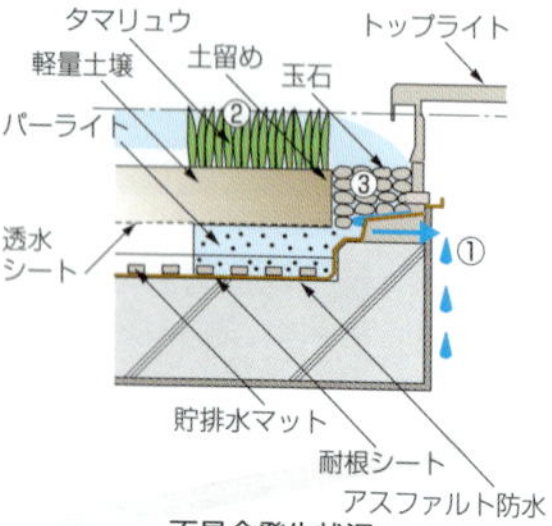

不具合発生状況:タマリュウ、軽量土壌、土留め、玉石、トップライト、パーライト、透水シート、貯排水マット、耐根シート、アスファルト防水

処置 立上がり回り排水側溝の玉砂利を撤去し、排水側溝の幅を広げ（④）、かつ、トップライト足元の防水立上がり部分に十分な高さを確保する（⑤）大がかりな改善対策の工事を行った。

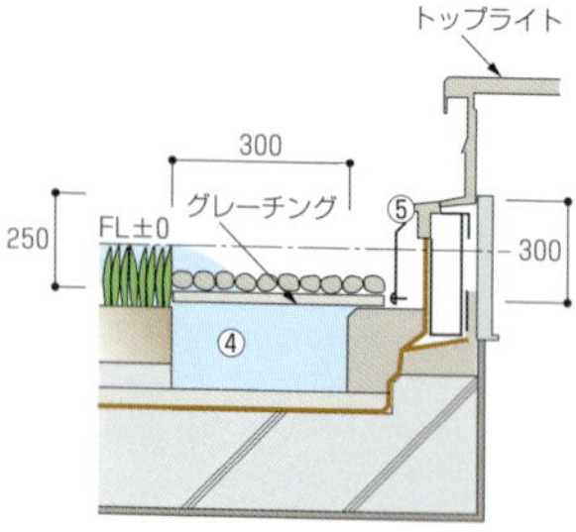

処置図:トップライト、グレーチング、FL±0、250、300、300

対策

1. **屋根上の開口部（トップライト・排煙口）からの漏水対策**
   ① 屋外の防水層立上がりは、屋上仕上げ面より適正な寸法（250mm程度以上）を確保する。
   ② 陸屋根で排水側溝を設ける場合は、パラペット等立上がり仕上げ面より適正寸法（250mm内外）離して設ける。
   ③ 屋根の排水性能は、想定される最大雨量に対して、屋根上に滞留することのないように設定する。

2. **屋根・庇の降雨ゾーニング**

凡例）
a～f：雨水縦管（縦樋）
①～⑩：屋根・壁・床・庇の面積

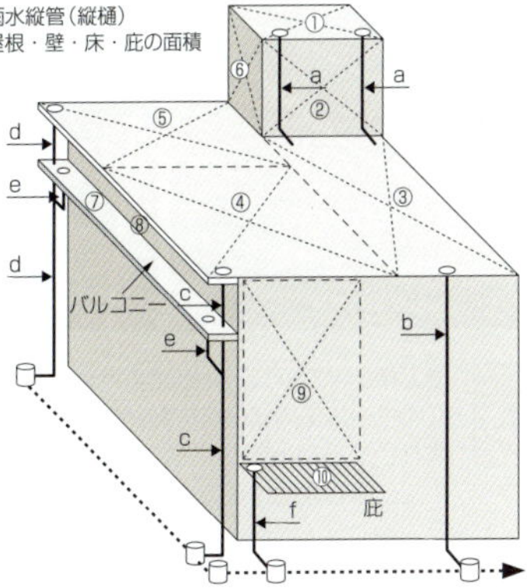

雨水縦管（縦樋）の受けもつ面積の算定例
Cの受けもつ面積＝④＋(⑦＋⑧/2)/2

ドレン・雨水縦管の管径と負担可能な屋根面積[17]
（最大降雨量180mm/hrの場合）

チェック
対策1 ☞
ケース14
ケース23
ケース24
ケース26
ケース31
対策2 ☞
ケース14
ケース31

管径（呼び径）(mm)	負担可能な屋根面積（m²）
80*	110
100	240
125	430
150	690
200	1,500

＊印は、塩ビ管の場合は75に読み替える。

防水工事のポイント

☞ 防水の納まりは、意匠を優先に考えないこと。
☞ 降雨量の設定は、短時間（10分間最大降雨量）の豪雨を考慮して決定すること。
☞ 雨水縦管は、屋根の降雨ゾーニングごとに単独に設置し、雨水管の横引き配管は極力行わないこと。
☞ 雨水縦管の敷地内雨水横引き管への接続部はます接続とし、配管での接続は行わないこと。

アスファルト防水・保護仕様
開口部回りの漏水

❷ 建具回りの防水不良

ケース33 玄関床の防水納まりの不備で床石にエフロが発生した！

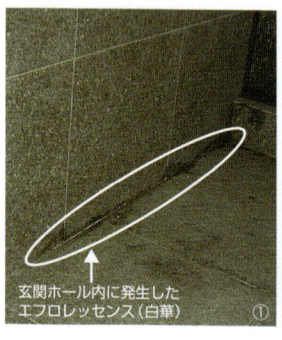

玄関ホール内に発生した
エフロレッセンス（白華） ①
②

現象
竣工後2年のRC造11階建集合住宅で、石張りの施された1階玄関ホール室内側の床において、内外仕切り建具寄りの床石に、濡れ色や石目地部分にエフロレッセンス（白華）が発生した。また、床石表面にピンホール状の不具合も見られた。

原因
玄関ホールの床は、外部から内外仕切りの建具部分を含め、室内側のある範囲までアスファルト防水が施されていた。しかし、内外仕切りの建具下枠（出入口部分の沓摺りを含む）と防水層が直接取り合っておらず、外部の床から浸入した雨水が防水層上の保護層を通り、室内側の床石に不具合を発生させた。

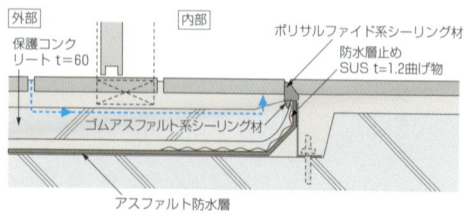

外部／内部
保護コンクリート t=60
ポリサルファイド系シーリング材
防水層止め
SUS t=1.2曲げ物
ゴムアスファルト系シーリング材
アスファルト防水層

不具合原因

処置
玄関ホール外部の建具際の床石を剥がし、建具際の保護層を防水を傷めないようていねいに溝状に撤去し、既設のアスファルト防水層と建具下枠（出入口部分の沓摺りを含む）とを切付け防水により取り合わせた後、床仕上げを復旧した。室内側の床石は、染み抜き等のクリーニングを施し、床石のピンホールは軽微で目立たないため、建物所有者の了承を得た上で状況の推移を見守ることにした。

対策

1. 内外床が同レベルの建具回りの防水取合い

①内外仕切り建具下枠へ防水を立ち上げ、内外の防水仕舞いとする。

②外部から内部の広範囲にわたって防水を施す場合であっても、内外仕切り建具下枠へ切付け防水を立ち上げ、内外の防水仕舞いとする。

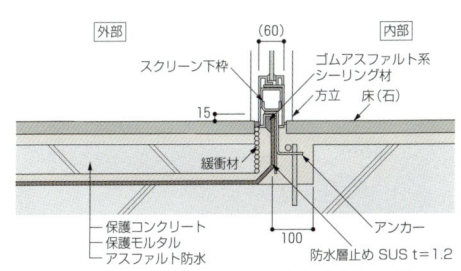

内外仕切り建具で防水層を止める場合(下枠部納まり例)

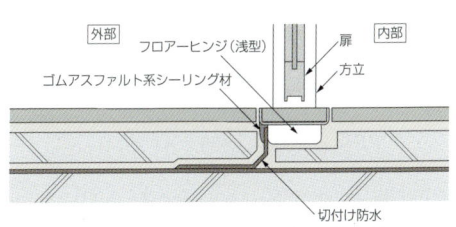

外部から内部の広範囲にわたって防水を施す場合
(フロアーヒンジ部納まり例)

2. 玄関回りのマット敷き(落し込みタイプ)部分の納まり

①落し込みのマット敷き部分に排水目皿を設ける場合で、下部に防水層があるときは、防水層押え金具付きの排水トラップを使用する。

②マット敷き下地(全面フラット)部分には、排水目皿に向かって水勾配をもつ小幅(20〜50mm)の排水溝を設ける。

チェック
対策1 ☞
ケース 2
ケース 34

防水工事のポイント

☞ 外部と内部が同レベルの床部分の内外仕切り建具足元は、外部の防水を直接取り合わせ、内外境界部分の防水仕舞いとすること。

☞ 外部から内部の広範囲にわたって床防水を施す場合であっても、内外仕切り建具部への切付け防水を立ち上げ、内外の防水仕舞いとすること。

☞ 玄関で、内外仕切り建具の室内側に床マットを敷く場合、床の防水層はマット枠まで立ち上げる。

アスファルト防水・保護仕様
開口部回りの漏水

❸ 厨房出入口の沓摺り回りの納まり不良

ケース34 厨房床の防水層と出入口沓摺りとが取り合っていない！

現象
施工中のRC造4階建商業施設で、4階の厨房床防水工事において、出入口建具の沓摺りと、床に施されたアスファルト防水層が直接取り合っていなかった（写真○印）。このまま仕上げられ厨房床に水を流した場合、防水層上部の仕上げ層に浸入した水が出入口建具沓摺りと防水層の間を通って隣室側へ、さらには下階へ漏水するおそれがあった。

原因
床に水を流した場合、防水層立上がりが床面より低く、あるいは防水層立上がりが途切れている沓摺り下部から、防水層上部の仕上げ層に浸入した水が隣室側へ移動する水頭圧差の認識が欠如しており、計画段階の検討不足に原因がある。なお、当該不具合部においては、建具枠の取付けが防水工事の後になされていた。

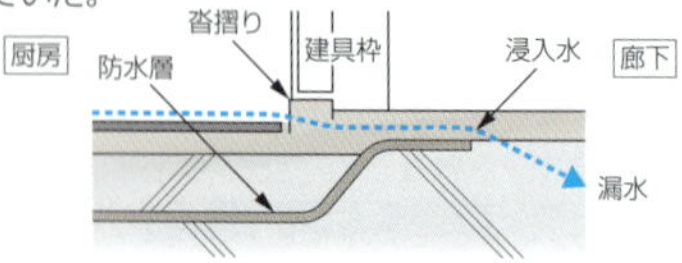

水頭圧差による水の移動

処置
すでに施工された床の防水層と出入口建具沓摺りの間に、新たに切付け防水を施し、その後に仕上工事を行った。

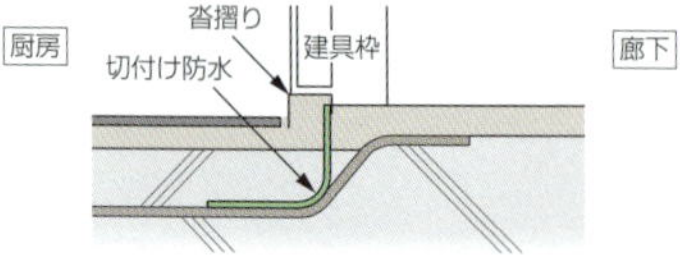

処置後の納まり

対策

1. 室内床防水と出入口建具の取合い

① 床を水洗いするトイレや厨房、浴室等に防水を施す場合は、出入口建具の沓摺りと防水層を、直接取り合わせる防水納まりとする。

② 出入口建具の縦枠下部は、防水層の立上がり部分と取合い仕舞いできるよう、建具枠の納まりを考慮しておく。

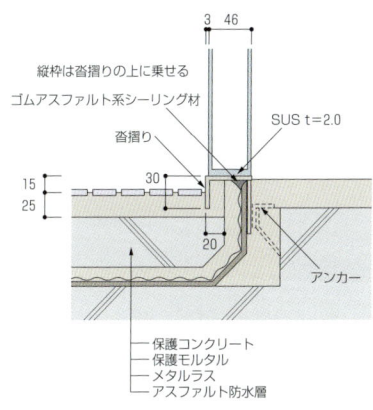

図中ラベル：
- 縦枠は沓摺りの上に乗せる
- ゴムアスファルト系シーリング材
- 沓摺り
- SUS t=2.0
- アンカー
- 保護コンクリート
- 保護モルタル
- メタルラス
- アスファルト防水層

トイレ・厨房等の沓摺り納まり例

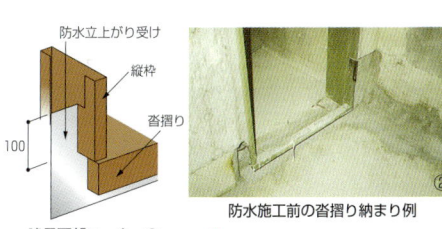

- 防水立上がり受け
- 縦枠
- 沓摺り

建具下部コーナーの納まり例

防水施工前の沓摺り納まり例

⚠️ 防水取合いが狭い部分での作業となるため、防水施工はていねいに行うこと。

チェック
対策1
ケース2
ケース17
ケース33

防水工事のポイント

☞ 床に防水を施す場合の出入口建具沓摺りは、防水層と直接取り合わせる納まりとすること。

☞ 防水層と直接取り合わせる出入口建具沓摺りにおいては、特に建具の縦枠下部コーナー納まりに注意すること。

☞ 出入口建具沓摺り回りの防水施工は、狭い部分での取合い作業となるため、ていねいに行うこと。

☞ 関連工程を事前に把握し、手戻りのない施工手順を確保すること。

14章 アスファルト防水・保護仕様
その他のクレーム

❶ ベンドキャップ周囲の防水不良

ケース35 ベンドキャップ周囲の防水不具合により下階に漏水した！

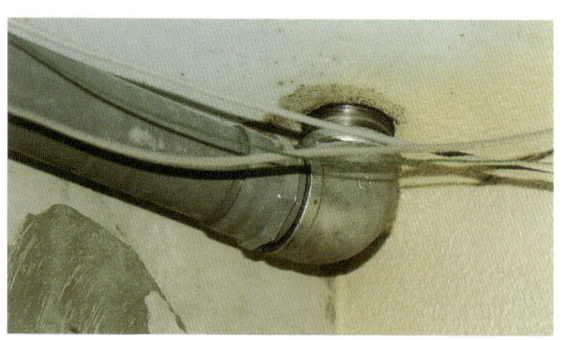

現象　竣工後15年の12階建集合住宅で、屋上に設置されたベンドキャップ周囲の防水不具合箇所から、雨水が下階住居天井裏に浸入し、天井仕上げのクロスが漏水により剥がれた。

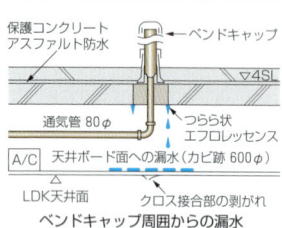

保護コンクリート / アスファルト防水 / ベンドキャップ / ▽4SL / 通気管 80φ / つらら状エフロレッセンス / A/C / 天井ボード面への漏水（カビ跡 600φ） / LDK天井面 / クロス接合部の剥がれ
ベンドキャップ周囲からの漏水

原因　屋上の防水層を貫通したベンドキャップ周囲の防水不具合による漏水で、ベンドキャップ周囲の防水層立上がり高さ不足が原因であった。

処置　屋上ベンドキャップ周囲の保護コンクリートを30cm程度ていねいに撤去し、防水を立上がり上部まで補修し、散水テストによる確認を行った上で保護コンクリートを復旧した。

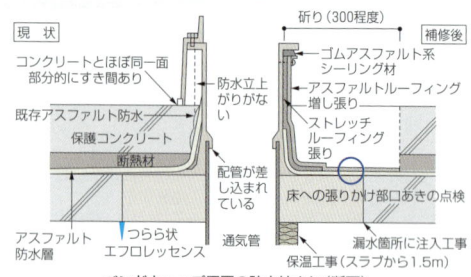

現　状／コンクリートとほぼ同一面部分的にすき間あり／既存アスファルト防水／保護コンクリート／断熱材／防水立上がりがない／配管が差し込まれている／アスファルト防水層／つらら状エフロレッセンス／通気管

斫り（300程度）／補修後／ゴムアスファルト系シーリング材／アスファルトルーフィング増し張り／ストレッチルーフィング張り／床への張りかけ部口あきの点検／漏水箇所に注入工事／保温工事（スラブから1.5m）
ベンドキャップ周囲の防水納まり（断面）

対策

1. 設備配管類と防水層の取合い

設備配管類は、防水層を貫通させないことを基本とする。やむを得ず設備配管等が屋上防水を貫通する場合は、屋上配管取出し口を経由する納まりとするか、または貫通は適正処理とする。

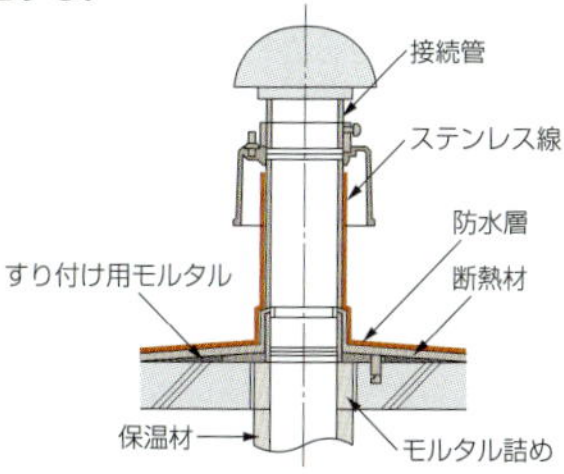

設備配管貫通部の納まり例

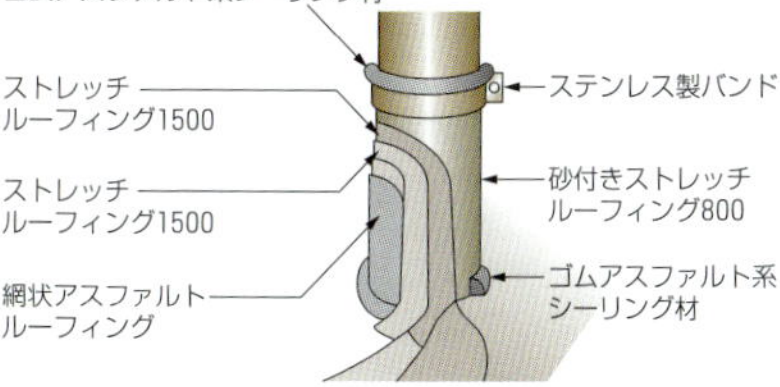

- 接続管
- ステンレス線
- 防水層
- 断熱材
- すり付け用モルタル
- 保温材
- モルタル詰め

貫通配管回りの納まり例[18]

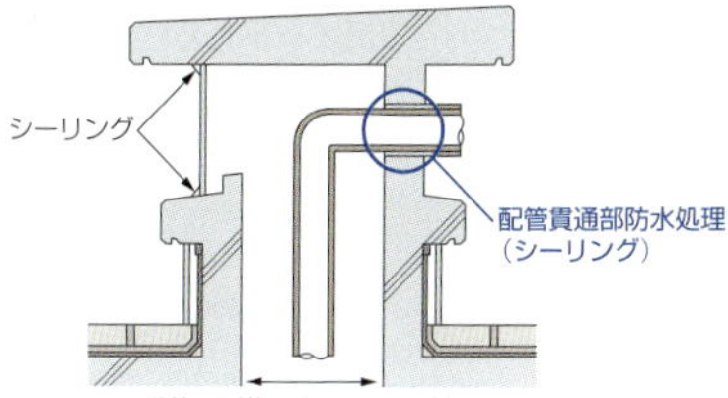

- ゴムアスファルト系シーリング材
- ステンレス製バンド
- ストレッチルーフィング1500
- 砂付きストレッチルーフィング800
- ストレッチルーフィング1500
- ゴムアスファルト系シーリング材
- 網状アスファルトルーフィング

屋上配管取出し口を経由した設備配管の納まり例

- シーリング
- 配管貫通部防水処理（シーリング）
- 配管・型枠工事スペース確保

チェック
対策1
ケース28
ケース37

防水工事のポイント

- ☞ 設備配管類は、防水層を貫通させないこと。設備配管等が屋根を貫通する場合は、屋上配管取出し口を経由する等、適正な納まりとする。
- ☞ やむを得ず屋上防水層を貫通する場合の位置は、下階との関連を調整して決定すること。
- ☞ 設備配管類の貫通部は、事前に設備と建築の取合い調整を十分に行い、防水層の貫通処理は適正に行うこと。

アスファルト防水・保護仕様
その他のクレーム

❷ 屋上防水と鉄骨階段の取合い不良

ケース36 鉄骨階段が屋上防水を貫通する納まりとなった!

現象
施工中のRC造10階建事務所ビル屋上で、防水が施工されていないコンクリートスラブに、鉄骨階段が直接取り付けられていた。このままでは、鉄骨階段が屋上防水層を貫通することになり、確実な防水仕舞いが困難なことから、将来漏水の原因になると考えられた。

原因
設計図書に鉄骨階段基礎部分の詳細が表示されておらず、施工計画段階において、鉄骨階段が屋上防水を貫通してしまうことに対する認識不足が原因であった。

処置
小規模な外部鉄骨階段であったため、いったん取り外し、ささら桁下部に加工を施し、防水上の保護コンクリートに基礎を設け、アンカーボルトにより鉄骨階段を固定した。

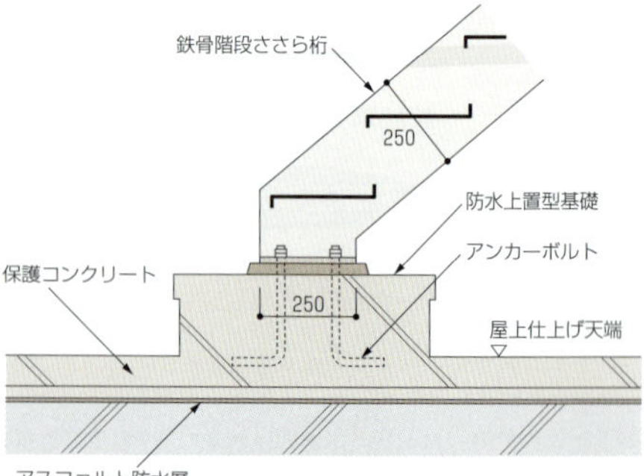

基礎を設けた処置例

対策

1. 屋上の外部鉄骨階段と防水層の取合い

①階段を先付けとする場合は、躯体より基礎を立ち上げ、その基礎上に階段を固定する。

鉄骨階段先付けの例（躯体立上げ型基礎）

②小規模で移動可能な階段を後付けとする場合は、防水上の保護コンクリートに基礎を設け、その基礎上に階段を固定する。

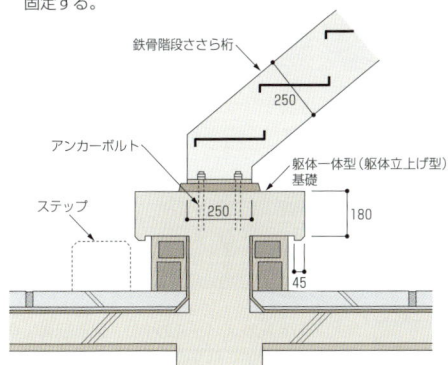

外部鉄骨階段と防水層の納まり例

2. 瑕疵に対する法的責任

瑕疵とは欠点であり、「工事施工者は、設計者の設計や指示（発注者からも含む）によって瑕疵が生じた時は、瑕疵担保責任を負わない。但し、その設計や指示が不適切なことを知っていて、これを発注者や設計者に通知しなかった時は、瑕疵担保責任を免れない」（民法第636条）とある。新築住宅の「雨水の浸入を防止する部分」の瑕疵については、建物引渡しから最低10年間を義務づけられている。

チェック
対策1 ☞ ケース25

防水工事のポイント

☞ 屋上に外部鉄骨階段を設置する場合は、防水層を貫通しない納まりとすること。
☞ 容易に移動できない鉄骨階段は、躯体一体型（躯体立上げ型）の基礎を設けて固定すること。
☞ 小規模で移動可能な鉄骨階段を、防水層の保護コンクリート基礎上に設ける場合でも、防水改修等のメンテナンス性を考慮した納まりとすること。

アスファルト防水・保護仕様
その他のクレーム

③ 室内床防水層と配管貫通部の納まり不良

ケース37 配管床貫通回りの防水施工ができない!

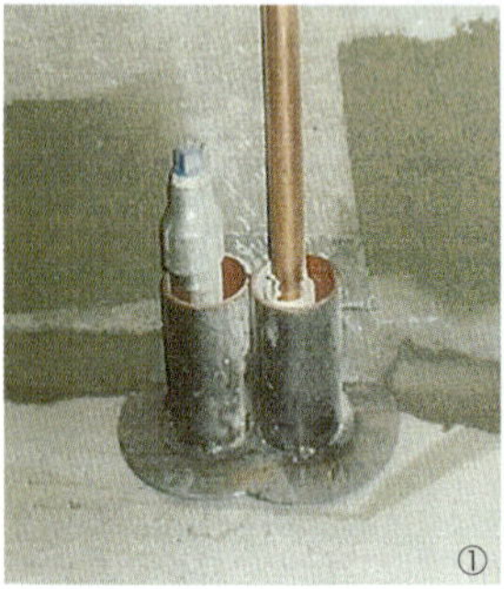

現象
施工中のRC造7階建集合住宅で、アスファルト防水を施す予定の浴室床の配管貫通取合いにおいて、2本の防水貫通スリーブが重なって取り付けられており（写真①）、かつ、立上がりの躯体（壁）に近すぎたために手が入らず（写真②）、防水施工が不可能な状況にあった。

原因
制約のある配管スペースの中で、設計図書に床防水配管貫通部の詳細が表示されておらず、施工計画段階において、設備工事担当者と建築工事担当者との打合せ不足が原因であった。

処置
防水施工前の段階にあったため、以下①～③の処置を施した。
①防水貫通スリーブを2本とする場合は、それぞれの貫通スリーブを100mm以上離し、かつ、立上がり躯体から60mm以上離して防水施工ができるようにする（87ページ・「対策1」参照）。
②防水貫通スリーブを1本とする場合は、2本の貫通配管が納まる径のスリーブに変更し、かつ、立上がり躯体から60mm以上離して防水施工ができるようにする。
③貫通スリーブと防水との取合いは、下図を参考とする。

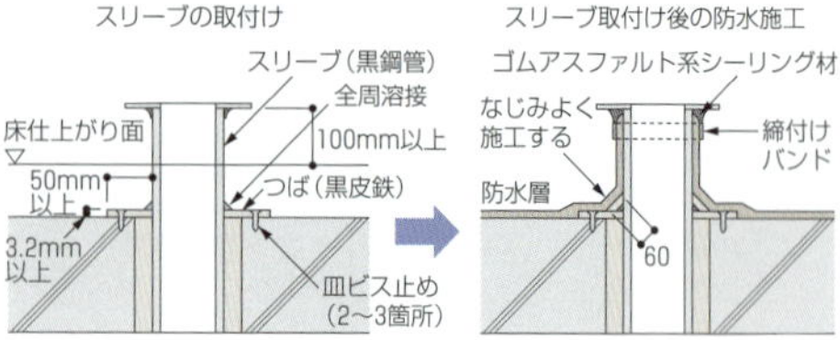

スリーブの納まり例

対策

1. 室内床防水層と配管貫通の取合い

① 室内にあっても、防水層を貫通する配管は避けることが原則であり、やむを得ない場合は必要最小限に留める。

② 防水性能の確保は、防水工事の施工性に左右されるため、防水施工が確実にできるのかどうかの検討を含め事前に確認し、防水施工中に手戻りや手直しが生じないよう計画する。

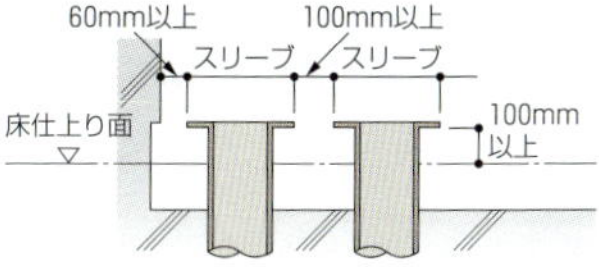

③ 防水層貫通部のスリーブは、防水層になじみよく密着する構造で、受けつば付きスリーブとし、躯体に堅固に取り付ける。

④ 水洗いの必要がある床貫通部においては、スリーブの上端を床仕上がり面より100mm以上とする。

スリーブの配置例（60mm以上、100mm以上、100mm以上）

2. 水張り試験

水張り試験は、防水層における主要な漏水検査方法で、小規模な陸屋根または屋内防水・水槽等に適用することが多い。規模の大きな陸屋根では、ドレン等排水回りの、ある限定されたエリアでの試験とされる。

① ドレンの排水落し口に蓋をする。

② 右図のようにドレン回りに水を張った状態で、24時間経過後に水位の変化を観察する。

③ 漏水がないことを下階で確認する。

④ バタ角の仮養生ルーフィングを、防水層を損傷しないように撤去する。

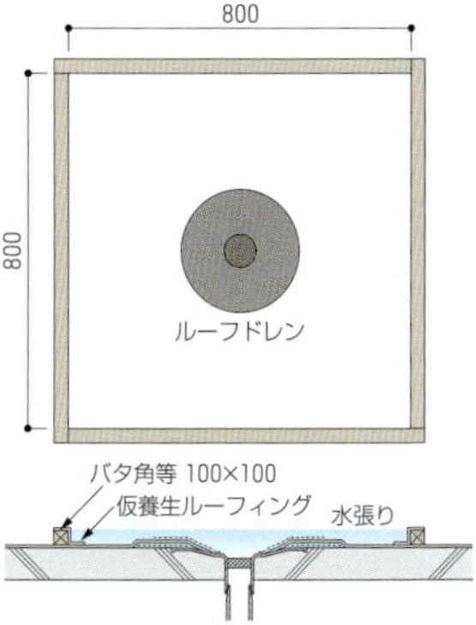

ドレン回りの水張り試験例（800×800、バタ角等 100×100、仮養生ルーフィング、水張り、ルーフドレン）

防水工事のポイント

☞ 防水層を貫通する配管は極力避けること。
☞ やむを得ず防水層を貫通する配管がある場合は、防水層貫通部のスリーブの形状や、防水施工が確実にできることを確認すること。
☞ 防水層貫通部のスリーブは、受けつば付きスリーブとし、水洗いの必要がある床貫通部においては、スリーブの上端を床仕上がり面より100mm以上とすること。
☞ 防水施工中に手戻りや手直しが生じないよう、事前確認を行うこと。

アスファルト防水・保護仕様
その他のクレーム

④ 水頭圧差による漏水

ケース38 水頭圧差により防水立上がり天端を乗り越えて漏水した！

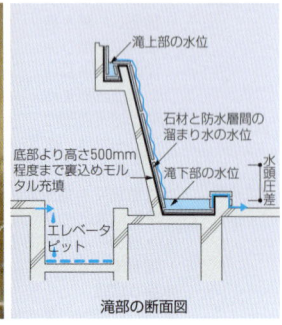

石裏に水溜まりが発生

滝上部の水位
石材と防水層間の溜まり水の水位
底部より高さ500mm程度まで裏込めモルタル充填
滝下部の水位
水頭圧差
エレベータピット

滝部の断面図

現象
竣工後1年のRC造10階建事務所ビルで、1階エレベータピットに漏水した。エレベータ付近には2階から1階に落水させる滝が設置されており、この水が影響している可能性が推定された。

原因
滝部分は、RC躯体にアスファルト防水を施した上に乾式石張り仕上げで、底部より高さ500mmまでは石と防水層との空隙にモルタルを充填していた。底部より高さ500mm以上の部分は、防水層と石材間には空隙があり、底部より600mm上部で石材目地のシーリング材に切込みを入れたところ、切込み部から水が流れ出てきた。石材と防水層間の空隙部には、滝つぼ部の防水立上がり天端より高いレベルまで水が充満しており、この水頭圧差により圧力を伴った水が常時防水立上がり天端を乗り越えて、1階床仕上げの裏側に流れ出ていた。その結果、エレベータピットに漏水したものと判明した。

処置
滝つぼの水位付近の目地シーリング材を撤去し、裏込めモルタルに切込みを入れてシーリング材を復旧した。写真②に示すように、シーリング目地に孔を設けて、石材と防水層とのすき間に入り込んだ水が滝つぼに流れ出て、水頭圧差による水圧が自然に減圧される納まりに変更した。その結果数日後にはエレベータピットへの漏水は止った。

シーリング目地に孔をあけて減圧

対策

1. 水頭圧差による水圧が生じる部位
水頭圧差による水圧が生じる部位としては、在来工法浴室の開口部回りが挙げられる(出入口等)。

2. 水頭圧差によるクレーム対策
①防水層立上がり天端レベルを水位より高い納まりとする。
②バリアフリー仕様の開口部回りでは、上記①の納まりを採用できない。浴槽等の水位が防水層立上がり天端レベルより高くなる場合は、水頭圧差により潜伏水が生じる。浴槽と開口部の間に排水溝を設けて、潜伏水の圧力を減圧させる。
③出入口建具枠への防水層の接着はていねいに行う。出入口建具の納期が防水工事に間に合わない場合は、周囲の防水施工を残し、出入口建具の取付けを待って防水施工を行うこと。
④減圧溝は、平面配置と断面形状に配慮して、確実に減圧できる納まりにすること。

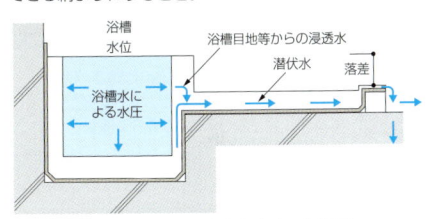

水頭圧差により生じる潜伏水(在来工法浴室)

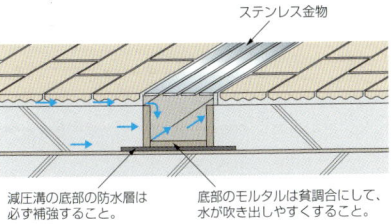

浴槽水位 / 浴槽目地等からの浸透水 / 潜伏水 / 落差 / 浴槽水による水圧

減圧溝(在来工法浴室の例)

ステンレス金物 / 減圧溝の底部の防水層は必ず補強すること。 / 底部のモルタルは貧調合にして、水が吹き出しやすくすること。

チェック
対策1 ☞ ケース 2 ケース 17
対策2 ☞ ケース 2 ケース 17

防水工事のポイント

☞ 防水層立上がり天端レベルより水位が高い箇所があると、水頭圧差により水圧が生じて漏水する危険性が高まることを認識すること。
☞ 排水溝等により、水頭圧差による水圧を解放する納まりを検討すること。
☞ 浴室等においては出入口建具枠と防水層取合いに注意し、防水施工はていねいに行うこと。

アスファルト防水・保護仕様
その他のクレーム

⑤ 仮設開口接合部からの漏水

ケース39 仮設開口部の防水不良により漏水した！

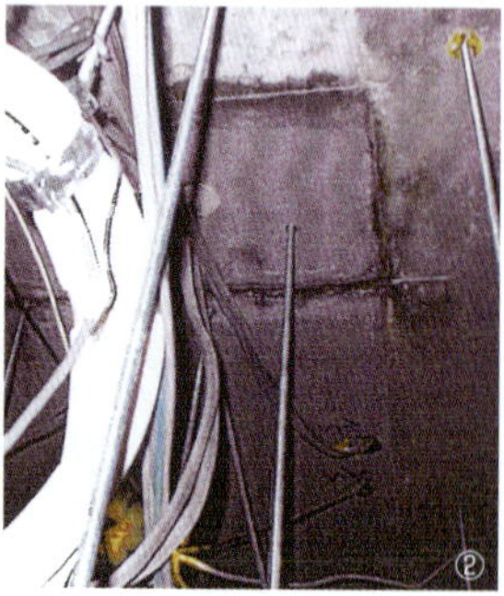

現象
写真①：竣工後1年のRC造6階建事務所ビルで、屋上の閉鎖(後施工)した仮設開口接合部から下階室内に漏水した。
写真②：竣工後3年のRC造5階建集合住宅で、3階住戸の洗濯パンが破損して、洗濯排水がスラブ仮設開口部から下階住戸に漏水した。

原因
写真①②とも仮設開口部から漏水した事例で、写真①は防水処理が不適切であったこと、写真②は仮設開口部がまったく防水処理されていなかったことが原因であった。

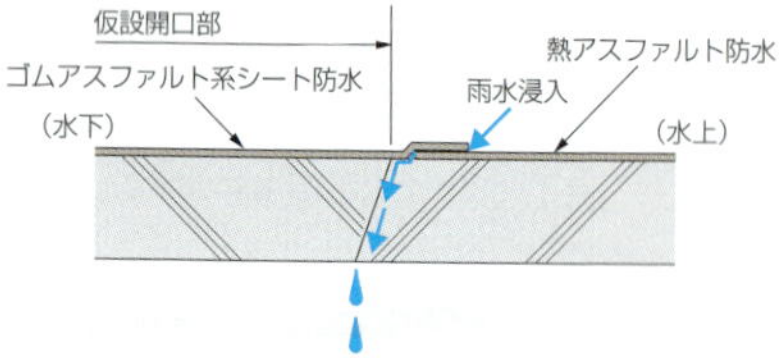

仮設開口部
ゴムアスファルト系シート防水 ← 熱アスファルト防水
(水下) 雨水浸入 (水上)

処置
写真①：既存(後施工)のゴムアスファルト系シート防水を撤去し、既存(先施工)のアスファルト層をよく加熱した上で、段階的にアスファルト層を重ねて補修を行った。
写真②：仮設開口部の部分に塗膜防水を行い、下地を補強した上で洗濯パンを取り替えた(写真③)。

塗膜防水による仮設開口部の処理

対策

1. 仮設開口部の防水納まり
① 後施工の防水層は、先施工の防水層との付着性を考慮した納まりとする。
② 長時間をおいて防水層を後施工する場合は養生を確実に行い、接合部を保護する。

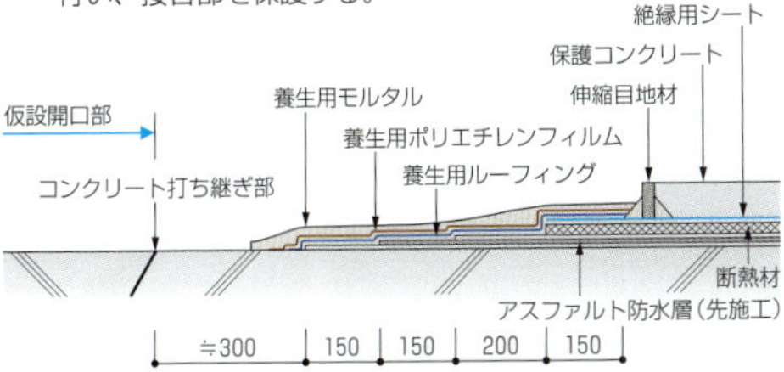

防水接合部を長時間放置する場合の養生例

（図：仮設開口部、コンクリート打ち継ぎ部、養生用モルタル、養生用ポリエチレンフィルム、養生用ルーフィング、絶縁用シート、保護コンクリート、伸縮目地材、断熱材、アスファルト防水層（先施工）、寸法：≒300, 150, 150, 200, 150）

③ 接合部の施工に際しては、先施工のアスファルト層をよく加熱して活性化させるとともに、後施工の防水層を張り付けた後に接合部分を加熱し溶着させる。

2. 仮設開口部の補修要領（床仕上げに支障がない場合）
万一漏水が発生しても、その被害を最小限に食い止める目的で、型枠用開口部の取合い部には下図に示すように塗膜防水、非加硫ブチルゴムシートの張付け、またはシーリングを施すのも一方法である。

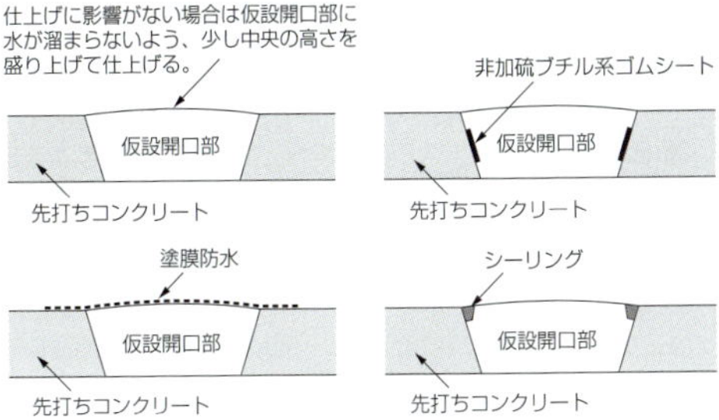

仕上げに影響がない場合は仮設開口部に水が溜まらないよう、少し中央の高さを盛り上げて仕上げる。

（図：仮設開口部、先打ちコンクリート、塗膜防水、非加硫ブチル系ゴムシート、シーリング）

仮設開口部の補修例

防水工事のポイント

☞ 仮設開口部は弱点となりやすいため、確実な施工手順で、ていねいな施工を行うこと。
☞ 防水工事の手順を考慮し、施工が可能な納まりとすること。
☞ 水場回りに仮設開口部（駄目穴）を設けない。やむを得ず設ける場合には、確実に防水処理を行うこと。
☞ 防水層の接合部は、アスファルトルーフィングの各層ごとに先施工部をよく加熱して活性化させ、後施工部と溶着させること。

アスファルト防水・保護仕様
その他のクレーム

❻ 防水の未施工による漏水

ケース40　1階中庭床が防水未施工で地下駐車場に漏水した！

現象
竣工後1年のRC造9階建集合住宅で、地下1階駐車場部分に漏水が生じた。この集合住宅には1階に中庭があり、その下階である地下1階には駐車場と電気室が設けられていたが、中庭の床は防水を施さない設計仕様であった。工事中に防水を行うよう提案したが受け入れられず、設計どおりに施工した結果、地下1階に漏水が生じた。また、駐車場出入口の斜路より雨水が流れ込んでいた。

原因
①中庭は雨水が直接掛かるところで防水が必要であった。
②駐車場出入口の斜路の上部と下部に排水溝を設けていないため、雨水が駐車場内に流れ込んでしまった。

処置
中庭の床はタイル張りの仕上げが施され、部分的には花壇も設置されていたため、新たに防水を施工することは困難な状況であった。そこで、下階の漏水箇所を特定して、以下①～④の措置を施した。
①花壇の下部で漏水が顕著であったため、花壇内部に雨水が溜まらないように、周辺の排水溝へ排水されやすい水抜き穴を設置した。
②1階中庭床の排水溝回りは、躯体に塗膜防水を施した。
③駐車場出入口の斜路の上部と下部に排水溝を新設した。
④上記の対応策実施後も漏水が止まらない箇所は、地下の天井部分にステンレス製の防水パンを設置した。

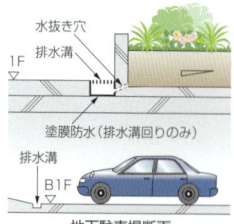

地下駐車場断面

対策

1. 建物地下の防水
   ① 地下が駐車場であっても、1階部分が雨掛かりであれば防水を施す必要がある。
   ② 斜路により地下階駐車場へ導く場合では、斜路の上部と下部に排水溝を設けて、駐車場内に雨水が浸入しない納まりとする。

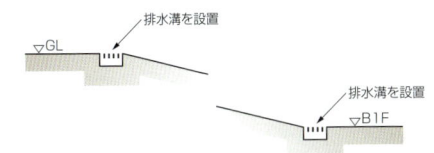

   ▽GL — 排水溝を設置
   ▽B1F — 排水溝を設置

   地下駐車場への斜路（断面）

   ③ 地下駐車場が2～3層になる場合には、車により持ち込まれる雨水等に対する配慮が必要である。
   ④ 地下駐車場内の床排水設備や床勾配については設計図書を確認し、設計（監理）者と協議の上、対応する。

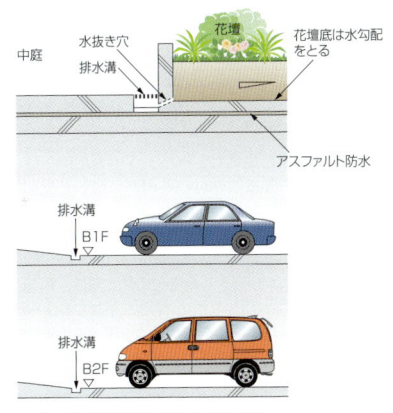

   中庭／水抜き穴／排水溝／花壇／花壇底は水勾配をとる／アスファルト防水／排水溝 B1F／排水溝 B2F

   2～3層になる場合の地下駐車場例

防水工事のポイント

☞ 防水が必要な箇所を事前に十分検討し、設計図書に問題がある場合は早めに提案すること。

☞ 駐車場であっても、漏水が生じると瑕疵とされることが多いので注意すること。

☞ 駐車場の消火設備と床排水設備並びに床勾配と床防水の要否等については設計図書を確認し、メンテナンスの方法等を含めて設計（監理）者と事前に十分協議の上、対応すること。

アスファルト防水・露出仕様
その他のクレーム

① 防水立上がり部の納まり不良

ケース41 防水立上がりにあご・水切りがなく漏水した！

防水層裏面の水溜まり

現象
竣工後7年のRC造7階建事務所ビルで、塔屋の立上がり部分にあごコンクリートも水切り金物も設置せずに、アスファルト防水露出仕様で施工されていた。防水層端末部は押え金物とシーリング材が充填されていたが、シーリング材の不良箇所から防水層裏側に雨水が浸入して塔屋内に漏水した。

原因
押え金物とシーリング処理だけでは、壁面を流れ落ちる雨水や直接吹き付ける雨水に対して長期間防水性を確保するには無理があった。シーリング処理の不良箇所や劣化部等の弱点により、防水層裏側に雨水が浸入して漏水に至った。

処置
雨水が浸入した部分の防水層は、再施工した上で水切り金物（水切りの出40mm程度、下がり80mm程度）を設置して、防水層端末部に直接雨水が掛からない納まりに変更した。

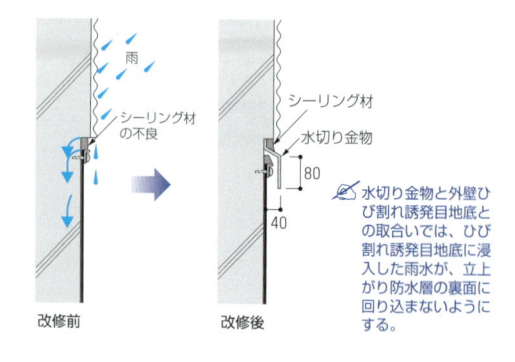

改修前　　改修後

💡 水切り金物と外壁ひび割れ誘発目地底との取合いでは、ひび割れ誘発目地底に浸入した雨水が、立上がり防水層の裏面に回り込まないようにする。

対策

1. 防水立上がり部の納まり

① 塔屋等の外壁下部の防水立上がり部は、あごコンクリートを設けて、壁面からの雨水の水切りを確実にする。

② あごコンクリートが設置できない場合は、防水部の躯体を増し打ち分（30mm程度）欠き込んで水切りを設置する。

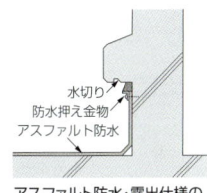

水切り
防水押え金物
アスファルト防水

アスファルト防水・露出仕様の立上がり部の納まり例

2. アスファルト防水工事（露出仕様）のフロー

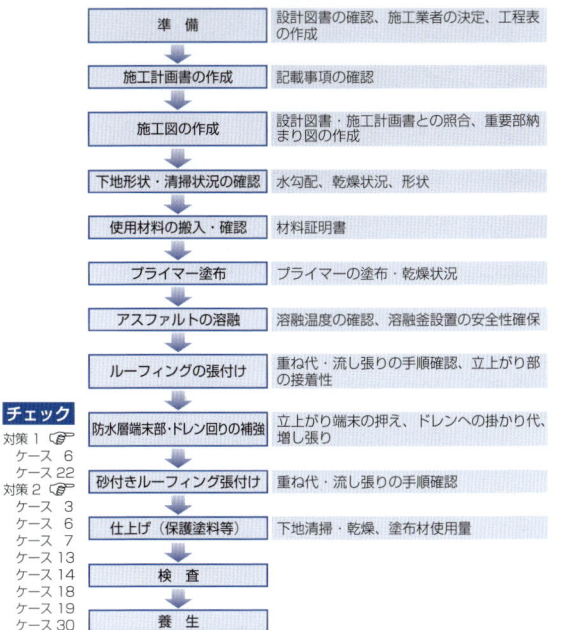

工程	内容
準備	設計図書の確認、施工業者の決定、工程表の作成
施工計画書の作成	記載事項の確認
施工図の作成	設計図書・施工計画書との照合、重要部納まり図の作成
下地形状・清掃状況の確認	水勾配、乾燥状況、形状
使用材料の搬入・確認	材料証明書
プライマー塗布	プライマーの塗布・乾燥状況
アスファルトの溶融	溶融温度の確認、溶融釜設置の安全性確保
ルーフィングの張付け	重ね代・流し張りの手順確認、立上がり部の接着性
防水層端末部・ドレン回りの補強	立上がり端末の押え、ドレンへの掛かり代、増し張り
砂付きルーフィング張付け	重ね代・流し張りの手順確認
仕上げ（保護塗料等）	下地清掃・乾燥、塗材使用量
検査	
養生	

チェック
対策1 ☞
ケース 6
ケース 22
対策2 ☞
ケース 3
ケース 6
ケース 7
ケース 13
ケース 14
ケース 18
ケース 19
ケース 30

防水工事のポイント

☞ 防水層立上がり端末部は、水切りの良い納まりとすること。基本的には、あごコンクリートを設置する。

☞ あごコンクリートを設けられないときは、防水層立上がり部は躯体を欠き込み、水切りを設置すること。水切り金物と外壁ひび割れ誘発目地底との取合いにおいて、ひび割れ誘発目地底に浸入した雨水が、立上がり防水層の裏面に回り込まないように注意する。

☞ 水切り金物の形状・寸法は、機能的に十分なものとすること。

塗膜防水
その他のクレーム

1 塗膜防水材の自然発火

ケース42 屋上防水改修工事で塗り残しの塗膜防水材が自然発火した!

現象
既存建物の屋上防水改修工事において、FRP防水のトップコート仕上げ塗り作業後、塗り残した防水材およびローラー刷毛をポリバケツに入れて屋上ポンプ室に保管していたところ、約20分後にポリバケツから発煙するとともに、自然発火による小火が発生した。

原因
FRP防水主剤(仕上げ用ポリエステル樹脂)の発火点温度は490℃であるのに対し、主剤と硬化剤の反応による発熱温度は130℃程度(標準添加量の場合)であり、通常での自然発火は考えにくい。しかし、小火発生後の調査および再現実験(97ページ・「対策2」参照)の結果、下記の原因で自然発火に至ったものと推定される。

①当該工事の作業に必要な材料が少量なこともあり、所定の攪拌棒ではなくローラー刷毛で材料の混合を行ったため、硬化剤(発火点温度191℃)が主剤と混合される前にローラー刷毛に吸い込まれ、残留していた。

②硬化剤は添加量が少量(当該工事の場合、標準添加量は主剤の1%)であり、正確に計量すべきところを、家庭用の計量器で計量してしまい、標準量の数倍の過剰添加となった。このため、硬化反応による発熱量が標準添加量の場合より高くなり、硬化剤の発火点温度近くに達した。

③作業後、硬化剤混合後の使い残し樹脂材料の中に、上記①のローラー刷毛を洗浄せずに放置したため、ローラー刷毛内部に残留した硬化剤から発煙・発火した。

処置
屋上ポンプ室に保管していた材料や道具類をすべて搬出し、材料取扱要領等の遵守徹底を指示するとともに、材料メーカーに対して専門工事会社への教育・指導の徹底を依頼した。

対策

1. **材料取扱要領の遵守・徹底**
   ① 主剤と硬化剤の混合は所定の攪拌棒を用いて行い、ローラー刷毛等では絶対に混合しない。
   ② 硬化剤の計量は必ず所定の計量カップを用いて行い、標準添加量よりも過多としない。
   ③ 硬化剤混合後の使い残した樹脂や同樹脂の付着したウエス、および研磨粉等を入れた容器には、防火対策として必ず水を張る。また、使用したローラー刷毛等の道具類は、作業終了時に必ず洗浄する。

2. **自然発火の再現実験**
   FRP防水の主剤と硬化剤の反応による発熱温度は、FRP防水材料の発火点温度よりも低く、通常での自然発火は考えにくい。原因を究明するためには、再現実験を行うことも必要である。

> 事前に作成される施工計画書、施工要領書は、その内容に基づいて「施工」「管理」するものであり、遵守の徹底を図ること。

再現実験状況
（混合攪拌の40分後に激しく白煙発生）

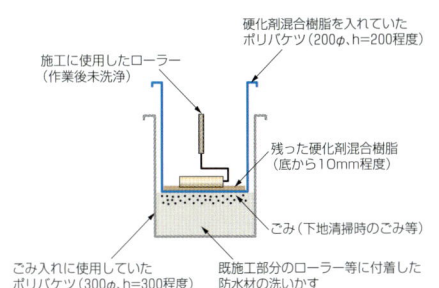

火元のポリバケツの状況
- 施工に使用したローラー（作業後未洗浄）
- 硬化剤混合樹脂を入れていたポリバケツ（200φ、h=200程度）
- 残った硬化剤混合樹脂（底から10mm程度）
- ごみ（下地清掃時のごみ等）
- ごみ入れに使用していたポリバケツ（300φ、h=300程度）
- 既施工部分のローラー等に付着した防水材の洗いかす

防水工事のポイント

☞ 使用する防水材に関しては、保管やその取扱要領等について事前に確認し、遵守・徹底すること。

☞ 混合することで発熱する（材料によっては爆発的に反応するものもある）材料を使用する防水工事においては、工事中の防火対策について万全を期すこと。

☞ FRPの樹脂は、特有の臭気と有機ガスが発生するため換気を行うなど、作業の安全性に十分配慮すること。

塗膜防水
その他のクレーム

❷ 浴室床タイルに発生したエフロレッセンス

ケース43 浴室床タイル面にエフロレッセンスが発生した!

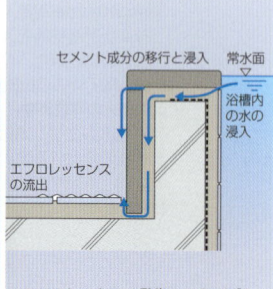

エフロレッセンス発生のメカニズム

現象
竣工後4年のRC造3階建社員寮で、1階にある在来工法浴室内の床タイルにエフロレッセンス（白華）が発生した。昨年よりエフロレッセンスによる汚れが顕著となったため、洗浄剤を使って汚れを落とし、日常の清掃時にも洗剤で入念にクリーニングを行ってきたが、エフロレッセンスが消えず、抜本的な対応が求められた。

原因
以下①～④が主な原因と考えられた。
①浴槽内面の立上がりにエチレン酢酸ビニル樹脂系塗膜防水は施してあるが、笠石との取合い部の処置が不十分であった。
②笠石が常時水面につかった状態にある。
③浴槽内タイル目地、笠石シールの一部に不具合が見られる。
④洗い場床タイル目地部に不具合が見られる。

処置
以下①～⑥の処置を提案したが、再発防止対策として②が最も効果的である。
①浴槽内の排水・注水と浴室のクリーニングのタイミングを検討し、洗剤によるクリーニングを繰り返す。
②笠石と浴槽内のタイル取合い部裏面の止水を再度行う。
③笠石が常時水面につからないように、浴槽の水張りレベルを変えるよう申し入れる。
④浴槽内のタイル目地、笠石目地シールを全面的に再施工する。
⑤浴槽内を、浸水しないように保護材を塗布する。
⑥浸水箇所は特定できないが、水の道ができてしまっているため、積極的に排水ルートを確保する（時間をかけて調査するのであれば、注水面のレベルを変えながら浸水箇所、浸水レベルを確認することは可能であるが、現実的ではない）。

対策

1. 浴室内のエフロレッセンス（白華）発生防止策
① 立上がりの塗膜防水は、コンクリート天端まで十分に立ち上げ、天端と笠石の取合い部には念入りにシリコン系シーリング材を施す。
② 常水面が笠石よりも下部になるように計画する。
③ 浴槽内タイル裏面・目地材に浸透性吸水防止剤を塗布する。
④ 洗い場側の立上がり際に排水溝を設け、万一漏水しても水を排水溝へ導き、床タイル面に影響が出にくい措置をとる。
⑤ 湯落し口周辺は、熱湯による剥離の防止を考慮して花こう岩張りとする。
⑥ 断熱材は吸水率の低い材料（ポリスチレンフォーム保温板スキン層付き程度）とする。

2. 塗膜防水工事（密着工法）のフロー

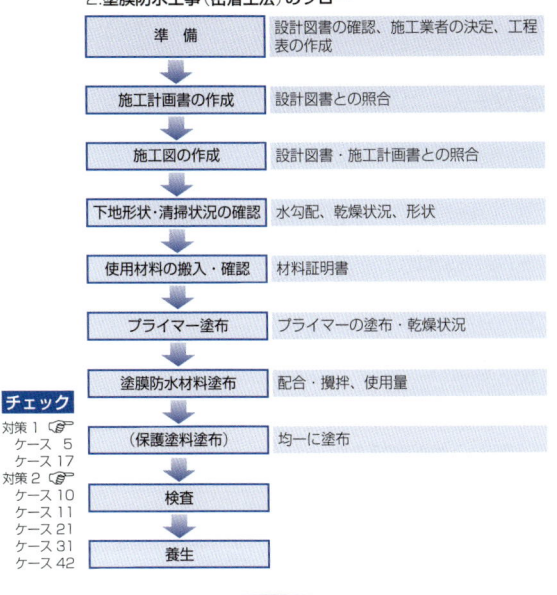

工程	内容
準備	設計図書の確認、施工業者の決定、工程表の作成
施工計画書の作成	設計図書との照合
施工図の作成	設計図書・施工計画書との照合
下地形状・清掃状況の確認	水勾配、乾燥状況、形状
使用材料の搬入・確認	材料証明書
プライマー塗布	プライマーの塗布・乾燥状況
塗膜防水材料塗布	配合・攪拌、使用量
（保護塗料塗布）	均一に塗布
検査	
養生	

チェック
対策1 ☞
 ケース 5
 ケース 17
対策2 ☞
 ケース 10
 ケース 11
 ケース 21
 ケース 31
 ケース 42

防水工事のポイント

☞ エフロレッセンス（白華）は、セメントの水和生成物としての水酸化カルシウムや硫酸塩等が仕上材の目地や仕上材の裏から浸入してくる水に溶け出して空気にさらされ、炭酸カルシウム等に変化して析出したもので、その防止対策は、仕上材裏への水の浸入を防ぐことである。

☞ 在来工法浴槽の内面は塗膜防水を施し、浴槽笠石の取合い部はシール仕舞いとし、浴槽内の湯の逸水を防止すること。

15章 付録

① 設計・施工上の条件確認リスト

共通事項

確認内容	チェックポイント
仕様書 防水部位とそれに対応させて、防水仕様が具体的に記入されているか確認する。また、設計(監理)者と施工者は共通の認識をもつ。	**仕様書** □契約(設計)図書に、部位ごとの防水仕様と施工範囲が明記されているか。 ☞8、12、40
発注形態 工種、工区等により分離発注されている場合においては、各々の取合い部分での防水仕様や工程上のすり合せを行い、問題なく対応できることを確認する。	**発注形態** □防水種別等により発注先の防水専門工事会社が複数となる場合、接点部分の責任範囲は明確か。 □施工手順の確認はなされているか。
防水保証 要求される防水保証に関して、発注者、設計(監理)者、施工者が共通の認識をもつ。	**防水保証** □保証書に記載する防水種別、部位、保証年限等は確認されているか。免責事項は明確か。

防水種別と防水箇所の適合性

確認内容	チェックポイント
防水工法の適合性 施工対象防水種別(工法)を確認する。13ページ・表「防水工法の特徴」で示していない種別の場合は、その特徴と実績等を把握する。また、耐久性(耐用年数)との関係から、要求保証年限に対して問題ないことを確認する。	**防水工法の適合性** □13ページ・表「防水工法の特徴」で示していない種別の場合は、過去に類似物件での施工実績があるか、また、防水施工専門工事会社も当該工法に対して施工実績をもっているか。 □防水仕様は施工部位に適合するか(耐用年数、耐薬品性、耐油性、耐根性、断熱性、耐風圧性、耐鳥害性、無公害等)。 ☞8、9、12、40

防水種別と下地種別の適合性

確認内容	チェックポイント
下地の適合性 各施工部分の防水種別(工法)に対応できる下地かどうか確認する。	**下地の適合性** □ALCパネル、PCa部材、デッキプレートを型枠としたコンクリート下地等で、それぞれ下地の挙動および乾湿の程度に対応できる防水種別(工法)か。 ☞5、7

施工性

確認内容	チェックポイント
施工性 施工場所の立地環境、気候条件、工事工程、施工時期等と、納まり上の観点(狭い場所等、施工上防水仕舞いができるか)から、施工性に問題ないか確認する。	**施工性** □異臭、煙の発生が許容されるか。 □有機溶剤を使用できるか。 □火気を使用できるか。

施工管理と維持管理

(つづき)

確認内容	チェックポイント
施工管理 施工中における必要な工程内確認（検査）を把握する。	**施工管理** □施工計画書（要領書）に基づいて確認（検査）すべき項目は明確か。 ☞9、10、13、15、20、21、31 □計器類を用いての確認（検査）は明確か。 ☞10、15、21、42
維持管理 申し入れるべき引渡し後の維持管理について確認する。	**維持管理** □定期的な清掃や塗装替え等、建物所有（管理）者等へ申し入れるべき事項は明確か。 ☞1、24、27、29、31

関連項目

確認内容	チェックポイント
防水層の下地 防水層施工前の状況について確認する。	**防水層の下地** □下地コンクリート面は、平坦で凹凸がないこと。また、鉄筋・番線等の突起物、粗骨材・モルタルのこぼれ等は、防水層を損傷する原因となるので完全に除去する。 □下地は十分に乾燥していること。表面が乾燥しているように見えても、コンクリート内部まで乾燥するには、型枠や天候の状況によってかなり時間を要する。乾燥が不十分のまま下地に施工すると、露出防水ではコンクリート内部の含有水分が気化・膨張して、膨れが生じやすいので注意を要する。乾燥状態は、次のような方法によって判断する。 [乾燥状態の判断方法] ①高周波表面水分計等による下地水分の測定 ②下地をビニルシートやルーフィング等で覆い、一昼夜後の結露状況の確認 ③コンクリート打込み後の経過日数の確認 ④目視による乾燥状態の確認 注）高周波表面水分計等の測定器具による測定結果にのみ頼らないこと。 ☞13、15 □ALCパネルを使用する場合は、ALCパネルのクリープによるたわみの発生が避けられないため、水勾配に対しALCパネルの長辺が直交方向となるように配置する。 ☞3

＊各チェックポイント欄の☞の後の数字は、本書のケース番号を示す。

付録

関連項目
(つづき)

確認内容	チェックポイント
水勾配 防水を施す下地面は、できるだけ速やかに排水させるための勾配がとれているか確認する。勾配が緩いと下地面の施工精度やクリープによる防水層のたわみの増加等により水溜まりができやすくなり、そのため防水層の耐久性にも影響する。	**水勾配** □勾配は防水下地の躯体で計画されているか。 ☞3、14、18 □水勾配は防水種別(工法)に合致した勾配が確保できているか(保護層のある場合の下地躯体の主勾配は1/100〜1/50、露出防水の場合の下地躯体の主勾配は1/50〜1/20を基本とする)。 ☞3、14、18 □ルーフドレンや排水落し口等の呑込み設置レベルは、周囲の水はけをよくするため、周辺コンクリートスラブレベルより30〜50mm下げる計画になっていて、ドレン等を中心とした半径600mm前後からドレン等に向かって斜めにすりつけられる勾配計画になっているか。 ☞1、30
ドレン 寸法納まり上、各種タイプがあることと、また各種防水仕様に対してもそれぞれの仕様に対応したタイプがあるので、取付け部位および防水仕様との組合せを取り違えないように確認する。また、排水口の数、設置レベル、横引きドレンの場合の梁取合い、ドレンつばと防水層の掛かり代等について確認する。	**ドレン** □屋根には排水口を2箇所以上設ける。ただし、小面積の屋根においては1箇所をオーバーフローに代えてもよい。 ☞1、27、28 □ルーフドレンや排水落し口等は確実に固定して、防水層に悪影響を与えないようコンクリートと同時打込みとする。 ☞1、28、30 □ドレン本体(つば)と防水層との掛かり代は50mm程度となっているか。 ☞1、30 □ルーフドレンのストレーナは、ごみ(特に落ち葉に注意)が詰まりやすいので、縦型にあっては成の高いもの、横型にあっては箱型に突き出したもので計画されているか。 ☞1、27 □横引きルーフドレンの場合、スラブよりドレンを下げる寸法分と、ドレンの厚みを加えた分だけ梁天端を下げるよう計画されているか。 ☞1 □積雪地および寒冷地の場合、ルーフドレン径は融雪水の凍結を考慮し100mm以上とする。
保護層の伸縮目地 伸縮目地は、防水層の上部に施された保護コンクリートの乾燥収縮および温度・水分等による伸縮でひび割れが発生したり、移動によってパラペット等を押し出したりすることを防ぐために設ける計画になっているか確認する。	**保護層の伸縮目地** □伸縮目地は、保護コンクリートと仕上げ層の全断面にわたっていること、かつ周囲の立上がり部まで達するように、縦・横とも3m程度の間隔で設けることになっているか。 ☞4、25、26 □手摺りや機械基礎等は、伸縮目地にまたがらないようになっているか。 ☞25 □成形伸縮目地材の目地幅は25mm、本体は目地幅の80%以上になっているか。

関連項目

(つづき)

確認内容	チェックポイント
設備取合い 屋上における設備機器類との取合いが、施工上および完成後の建物維持管理において適切なものであるか否かを、計画段階で調整しておく。 設備機器や配管類との防水納まりや、雨水排水との関連を確認する。	設備取合い □設備基礎、屋上配管取出し口は防水施工が十分できる程度に、平面配置上パラペットや壁から離れて計画されているか。また、雨水排水上支障のない配置計画になっているか。 ☞30、35、37 □総重量が大きい設備機器等が設置される場合、防水層にかかわらないように躯体一体型の基礎が計画されているか。また、これらは経年補修および改修工事の際の施工性を考慮したものであるか。やむを得ず防水層を先行した上に、総重量が大きい設備機器等の基礎が設置される場合、これらは防水層に与える重量および振動等の影響を考慮したものであるか。 ☞25

＊各チェックポイント欄の☞の後の数字は、本書のケース番号を示す。

防水関連JIS規格

JIS A 5522：1975	ルーフドレン（ろく屋根用）
JIS G 5501：1995	ねずみ鋳鉄品
JIS A 6005：2005	アスファルトルーフィングフェルト
JIS A 6008：2006	合成高分子系ルーフィングシート
JIS K 2207：2006	石油アスファルト
JIS A 6012：2005	網状アスファルトルーフィング
JIS A 6013：2005	改質アスファルトルーフィングシート
JIS A 6021：2006	建築用塗膜防水材
JIS A 6022：2005	ストレッチアスファルトルーフィングフェルト
JIS A 6023：2005	あなあきアスファルトルーフィングフェルト
JIS A 1415：1999	高分子系建築材料の実験室光源による曝露試験方法
JIS K 6250：2006	ゴム－物理試験方法通則
JIS K 6251：2004	加硫ゴム及び熱可塑性ゴム－引張特性の求め方
JIS K 6252：2007	加硫ゴム及び熱可塑性ゴム－引裂強さの求め方
JIS K 6257：2003	加硫ゴム及び熱可塑性ゴム－熱老化特性の求め方
JIS K 6259：2004	加硫ゴム及び熱可塑性ゴム－耐オゾン性の求め方
JIS A 9511：2006	発泡プラスチック保温材
JIS A 5758：2004	建築用シーリング材

付録

❷ 施工計画

1. 施工計画の重要性
防水工事の不具合を予防し、効率よく要求品質を満足するために、適切な施工計画を立案する必要がある。どのような手段・方法で施工するのかについて、監理者と施工者との間で具体的確認と合意をし、また、その内容を専門工事業者に周知することが重要である。このような目的のもとに文書化したものが施工計画書である。

2. 施工計画書
防水工事の施工計画書には、工事概要、適用範囲、防水工事に必要な管理体制・施工体制・使用材料・施工方法・施工範囲・工程計画・品質管理計画・仮設計画・安全管理計画・関連資料などについて記載する。以下に、防水工事施工計画書の一例を示す。

施工計画書（例）

1. 工事概要
    ① 工事概要：工事名称・建築主・設計者・監理者・施工者・工事場所・工期
    ② 建築概要：用途・種別・敷地面積・建築面積・延べ床面積・構造・階数
2. 適用範囲：適用図書・工事範囲
3. 施工
    ① 施工体制：施工管理組織図・防水施工組織図・安全衛生組織図
    ② 使用材料：防水種別・商品名・該当規格・材料証明書
    ③ 施工要領：工法（下地を含む）・材料保管場所・排水勾配・立上がりの構造と納まり・ルーフドレン回り・保護層等について、防水種別ごとに具体的に記述。また、重要部位は納まり図を作成し詳細の検討を行う。
4. 工程計画：全工事工程表・防水工事工程表
5. 品質管理計画
    ① 試験・検査：自主検査表・合格判定表
    ② 処置：不合格時処置方法
6. 仮設計画：足場・揚重機械・電源
7. 安全管理計画：安全管理・緊急連絡体制
8. その他：準拠図書の抜粋・各種技術資料

---

3. 施工要領
施工計画書に記載した各項目を実施するために、具体的な実施要領を施工要領として明確にする必要がある。施工要領は防水工事の専門工事業者が具体的に施工を行う手段・方法（作業標準等）を明らかにするためのもので、防水種別によって管理するポイントが異なるため、該当するそれぞれの防水種別ごとに詳細に整理し、記述する。

> 打ち継ぎ部・設備機器類基礎・排水経路・勾配・目地割付け・立上がり・入隅・出隅・パラペット・ルーフドレン・建具回り・異種防水取合い部・防水層端末部・貫通管回り等の重要部位については、納まり図を作成の上、検討を行い、その検討内容をわかりやすく関係者に周知すること。

> 納まり図は必要に応じて三次元的に作成するとよい。

4. 施工計画書に記載すべき事項

①アスファルト防水工事　＊重要項目は色文字で表示した。

1. 工程表：箇所別、防水の種類別の着工、完成等の時期
2. 施工業者名、作業の管理組織
3. 施工範囲および防水層の種類
4. 工法：下地を含む
5. 材料置場
6. アスファルト溶融釜の設置場所および構造
7. 消防法による消防署への届出
8. 排水勾配
9. コンクリート打ち継ぎ箇所における処置
10. 立上がりの構造、納まり
11. ルーフドレン回り、出入口回り、排水管（防水層貫通管）および衛生設備（便器・浴槽その他）
12. 保護コンクリートの目地割りおよび目地の構造・仕上げ材料エキスパンションの構造と防水の納まり
13. 異種防水層接続部の処置
14. 品質管理、基本要求品質の確認方法等

②シート防水工事　＊重要項目は色文字で表示した。

1. 工程表：箇所別、防水の種類別の着工、完成等の時期
2. 施工業者名、施工管理および安全管理の体制
3. 施工範囲および防水層の種類
4. 工法：下地の種類および状態を含む
5. 材料置場
6. 排水勾配
7. コンクリート打ち継ぎ箇所、PCコンクリート部材、ALCパネルの継目箇所における処置
8. 立上がりの構造、納まり
9. ルーフドレン回り、出入口回りおよび排水管（防水層貫通配管）の納まり
10. 異種防水層接続部の処置
11. 品質管理、基本要求品質の確認方法

③塗膜防水工事　＊重要項目は色文字で表示した。

1. 工程表：箇所別、防水の種類別の着工、完成等の時期
2. 施工業者名、作業の管理組織
3. 施工範囲および防水層の種類
4. 工法：下地の状態、施工法等
5. 材料搬入：置場、数量等
6. 消防法による消防署への届出
7. 排水勾配
8. コンクリート打ち継ぎ箇所における処置
9. 立上がり、納まり
10. ルーフドレン回り、排水管等、役物回りの納まり
11. 保護層の確認
12. 異種防水層接続部の処置
13. 品質管理、基本要求品質の確認方法等

5. 品質管理計画

品質管理計画では、各工程における管理項目・管理基準・職務分担・チェックの方法・異常時の処理等を定めて計画する。また特に管理項目・管理基準は、実際の工事物件ごとに適合するように設定する。

6. 参考

施工計画書については、(社)建築業協会・関西支部発行のひな形集がダウンロードできるので参考にするとよい。

URL：http://www.bcs-kansaisibu.com/sekoukeikaku

付録

③ 気象観測データ

観測地点の極値表
（統計開始～2009年）

地名	最高気温 ℃	年月日	統計開始年	最低気温 ℃	年月日	統計開始年	最大風速 m/s	年月日	統計開始年	最大瞬間風速 m/s	年月日	統計開始年
稚内	31.3	1946 8 22	1938	-19.4	1944 1 30	1938	27.0N	1955 2 21	1938	44.9WSW	1995 11 8	1940
釧路	31.0	1984 8 6	1910	-28.3	1922 1 28	1910	28.3SSW	2004 9 8	1910	38.7SSE	2002 10 2	1942
旭川	36.0	1989 8 7	1888	-41.0	1902 1 25	1888	21.6S	1918 9 25	1888	30.7WSW	2004 11 27	1942
札幌	36.2	1994 8 7	1876	-28.5	1929 2 1	1876	28.8WNW	1912 3 19	1876	50.2SW	2004 9 8	1943
函館	33.6	1999 8 4	1873	-19.4	1900 2 14	1873	27.9WNW	1928 2 7	1873	46.5WSW	1999 9 25	1941
青森	36.7	1994 8 12	1886	-24.7	1931 2 23	1886	29.0SW	1991 9 28	1886	53.9SW	1991 9 28	1937
秋田	38.2	1978 8 3	1886	-24.6	1888 2 5	1886	30.7SW	1954 9 26	1886	51.4SSW	1991 9 28	1937
盛岡	37.2	1924 7 12	1923	-20.6	1945 1 26	1923	22.2WNW	1951 4 10	1923	38.6SW	2004 11 27	1941
山形	40.8	1933 7 25	1891	-20.0	1891 1 29	1891	21.4SW	1957 12 13	1891	32.6SE	1959 9 27	1937
仙台	37.2	2007 8 15	1926	-11.7	1945 1 26	1926	24.0WNW	1997 3 11	1926	41.2WNW	1997 3 11	1937
福島	39.1	1942 8 15	1890	-18.5	1891 2 4	1890	22.9W	1959 4 10	1890	32.2W	1979 3 31	1937
新潟	39.1	1909 8 6	1886	-13.0	1942 2 12	1886	40.1SW	1929 4 21	1886	45.5WSW	1991 9 28	1937
富山	39.5	1994 8 14	1939	-11.9	1947 1 29	1939	26.0SSE	1947 4 1	1939	42.7S	2004 9 7	1939
福井	38.5	1922 8 20	1897	-15.1	1904 1 27	1897	30.9S	1950 9 3	1897	48.8SSE	1991 9 27	1937
長野	38.7	1994 8 16	1889	-17.0	1934 1 24	1889	25.8NW	1916 9 26	1889	31.4NW	1948 8 23	1937
甲府	40.4	2004 7 21	1895	-19.5	1921 1 16	1895	33.9SE	1959 8 14	1895	43.2ESE	1959 8 14	1937
前橋	40.0	2001 7 24	1897	-11.8	1923 1 3	1897	29.9N	1900 9 28	1897	40.2ESE	1966 9 25	1937
宇都宮	38.7	1997 7 5	1891	-14.8	1902 1 24	1891	24.2N	1938 10 21	1891	42.7SE	1966 9 25	1937
水戸	38.7	1997 7 5	1897	-12.7	1952 2 5	1897	28.3N	1961 10 10	1897	44.2NNE	1939 8 5	1937
さいたま	38.7	1997 7 5	1977	-8.8	1978 2 2	1977	14.0NNW	2003 3 4	1977	19.6S	2009 10 8	2008
千葉	37.8	2004 7 20	1966	-5.2	1967 2 13	1966	32.9SSW	1985 7 1	1966	48.6S	1985 7 1	1966
東京	39.5	2004 7 20	1876	-9.2	1876 1 13	1876	31.0S	1938 9 1	1876	46.7S	1938 9 1	1937
横浜	37.0	1962 8 4	1897	-8.2	1927 1 24	1897	37.4NE	1938 9 1	1897	48.7NE	1938 9 1	1938
静岡	38.7	1995 8 28	1940	-6.1	1960 1 25	1940	24.1WSW	1959 8 14	1940	40.0SE	1966 9 25	1940
名古屋	39.9	1942 8 21	1891	-10.3	1927 1 24	1891	37.0SSE	1959 9 26	1891	45.7SSE	1959 9 26	1937
津	39.5	1994 8 5	1889	-7.8	1904 1 27	1889	36.8ESE	1959 9 26	1889	51.3ESE	1959 9 26	1937
大阪	39.1	1994 8 8	1883	-7.5	1945 1 28	1883	33.3SSE	1961 9 16	1883	50.6SSE	1961 9 16	1934
鳥取	39.1	1994 7 23	1943	-7.4	1981 2 26	1943	29.2N	1961 9 16	1943	48.6S	1991 9 27	1943
松江	38.5	1994 8 1	1940	-8.7	1977 2 19	1940	28.5W	1991 9 27	1940	56.5WNW	1991 9 27	1940
岡山	39.3	1994 8 7	1891	-9.1	1981 2 27	1891	25.8ECE	1896 8 18	1891	41.4NE	2004 10 20	1937
広島	38.7	1994 7 17	1879	-8.6	1917 12 28	1879	36.0S	1991 9 27	1879	60.2S	2004 9 7	1937
下関	37.0	1960 8 10	1883	-6.5	1901 2 3	1883	34.2E	1942 8 27	1883	45.3ESE	1991 9 27	1937
高松	38.2	1994 7 15	1941	-7.7	1945 1 28	1941	24.4SW	1954 9 26	1941	39.5NE	1965 9 10	1941
高知	38.4	1965 8 22	1886	-7.9	1977 2 17	1886	29.2E	1970 8 21	1886	54.3E	1970 8 21	1940
松山	37.0	1994 8 8	1890	-8.3	1913 2 12	1890	25.4SSE	1945 9 17	1890	52.3SSE	1991 9 27	1941
大分	37.6	2008 8 3	1887	-7.8	1918 2 19	1887	25.0WNW	1945 9 18	1887	44.3SSE	1999 9 24	1940
福岡	37.7	1994 8 15	1890	-8.2	1919 2 5	1890	32.5N	1951 10 14	1890	49.3S	1987 8 31	1937
長崎	37.7	1994 7 23	1878	-5.2	1936 1 17	1878	43.5SSE	1900 8 24	1878	54.3SW	1991 9 27	1951
鹿児島	37.0	1942 8 1	1883	-6.7	1923 2 28	1883	39.3SSE	1942 8 27	1883	58.5SSE	1996 8 14	1940
那覇	35.6	2001 8 9	1927	6.6	1967 1 16	1927	49.5ENE	1949 6 20	1927	73.6S	1956 9 8	1953

凡例）**色文字**は、2009年の観測値が極値となっているものを示す。

● 執筆者

(社)建築業協会・防水工事業専門部会

主 査 三輪 藤雄 株式会社中小工務店
副主査 鈴木 拳   株式会社ノムラ工販
      尾形 城栄 関東建設興業株式会社
      会田 剛   株式会社フジタ
      八下 賢嗣 藤本建設株式会社
      小高 雄二 株式会社佐藤秀
      小林 孝光 株式会社熊谷組
      平間 貞男 日本建設株式会社
      菱 多聞美 北野建設株式会社
      和田 栄吉 西松建設株式会社

建築現場ブック 防水工事

2006年2月10日　第1版第1刷発行
2023年3月20日　第1版第12刷発行

編　著　(社)建築業協会・防水工事専門部会 ©
発行者　石川泰章
発行所　株式会社 井上書院
　　　　東京都文京区大塚2-17-15　斎藤ビル
　　　　電話(03)5689-5481 FAX(03)5689-5483
　　　　https://www.inoueshoin.co.jp/
　　　　振替00110-2-100535
印刷所　株式会社チアル
装　幀　寒竹泉美
　　　　藤本林檎株式会社
表　紙　川崎重昭

〈無断転写・転載を禁じます〉
本書の無断複写は著作権法上
での例外を除き禁じられていま
す。複写される場合は、そのつ
ど事前に、(一社)出版者著作権
管理機構(電話03-5244-
5088, FAX03-5244-5089,
e-mail: info@jcopy.or.jp)
の許諾を得てください。

ISBN978-4-7530-0538-3 C3052 Printed in Japan

MEMO

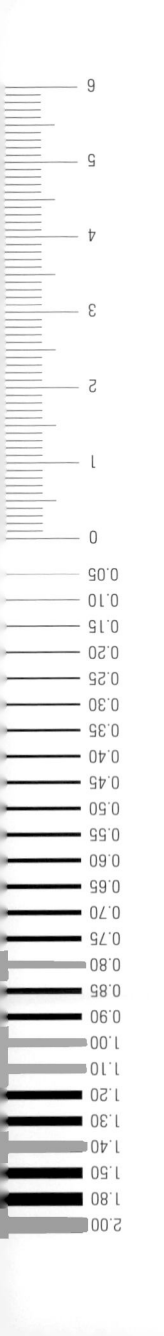

[引用文献]

1) 図1は次頁を行う鉄筋継手部鉄筋業継手規程 平成17年版」公社建築業協会編集 ; 配管出版業編集員会 目録1 スリーブトレンチ及びX模型 (在1図)

2) 図1、103頁、5-32 スリーブトレンチ及びX模型 ; 配管出版業編集員会 目録1 スリーブトレンチ及びX模型 (在1図)

3) 図1次頁を行う鉄筋継手部鉄筋業継手規程 平成16年版 (工事) 公社建築業協会編集 ; 図9.2.26、776頁

4) 「建築工事標準仕様書・同解説 JASS 8 防水工事」日本建築学会、2000、150頁、解説表1.57

5) 図1、132頁、解説表1.13

6) 図1、214頁、解説表1.23

7) 図1次頁を行う鉄筋継手部鉄筋業継手規程 平成16年版 (工事) 公社建築業協会編集 ; 図9.4.9 (配列S+Fの場合) 、801頁

8) 図9.4.8 (配列S+Fの場合) 、801頁

9) 「建築工事標準仕様書・同解説 JASS 8 防水工事」日本建築学会、2000、89頁、解説表1.4

10) 図1、77頁、解説表1.1 (コンクリートなどに使用する場合)

11) 図1、77頁、解説表1.1 (誤用防止の場合)

12) 図1、76頁、解説図1.2 (中図)

13) 図1、76頁、解説図1.2 (右図)

14) 図1次頁を行う鉄筋継手部鉄筋業継手確認標準書 「建築工事標準仕様書 平成17年版」公社建築業協会編集 ; 配管出版業編集員会 目録1 スリーブトレンチ及びX模型 (在1図)

15) 「建築工事標準仕様書・同解説 JASS 12 屋根工事」日本建築学会、2000、145頁、解説図1.50

16) 同上、82頁、解説表1.3

17) 「建築工事標準仕様書・同解説 JASS 12 屋根工事」日本建築学会、2004、288頁、解説表1.4.1

18) 「建築工事標準仕様書・同解説 JASS 8 防水工事」日本建築学会、2000、147頁、解説図1.54

[参考文献]

1) 「建築工事標準仕様書・同解説 JASS 8 防水工事」日本建築学会、2014
2) 「建築工事標準仕様書・同解説 JASS 12 屋根工事」日本建築学会、2004
3) 「建築工事標準仕様書・同解説」(2004)、日本建築学会、2004
4) 「建築設計資料集成〔設計〕の4部会編」、建築業協会、防水部会委員会、1984
5) 「構成スリーブ施工管理マニュアル」建築施設部会・横浜スリーブ協会会、2001
6) 「コンクリート工事の進め方」建築業協会施工部会・DX防止部会北陸部会、2004
7) 「コンクリート工事の進め方」建築業協会施工部会・DX防止部会北陸部会、2004
8) 図1次頁を行う鉄筋継手部鉄筋業継手確認標準書 「建築工事標準仕様書 平成16年版」公社建築業協会編集
9) 建築業協会施工部会編「建築施設部会」#井工業所、2003
10) 都市計画応用連結連結、诶子突変化伴う出処理対応用タンデム 新・屋設用タンデムセンター
11) 気候力変化〔気象・市況〕2005年度版『気象業編集員会セミナー

地名	日降水量 mm	年月日	統計開始年	1時間降水量 mm	年月日	統計開始年	10分間降水量 mm	年月日	統計開始年	最大瞬間風速 m/s	年月日	統計開始年
稚内	156	1970 10 25	1938	64	1938 9 1	1938	21	1995 8 31	1938	33	1970 2 9	1938
旭川	167	1981 8 4	1888	57	2000 7 25	1937	29	2000 7 25	1937	138	1987 3 4	1893
札幌	176	1939 8 25	1873	50	1913 8 28	1876	19	1953 8 14	1937	169	1939 2 13	1890
網走	208	2007 11 12	1886	63	1939 8 25	1889	21	1959 9 11	1940	91	1985 2 10	1873
釧路	187	1937 8 31	1890	72	1964 8 13	1938	27	1964 8 13	1942	117	1974 5 10	1890
根室	198	2007 9 17	1924	63	1938 8 15	1923	22	1953 8 1	1940	81	1938 2 19	1924
青森	218	1913 8 27	1891	94	1949 8 16	1937	30	1950 7 19	1937	41	1936 2 9	1926
秋田	313	1966 8 5	1890	80	1966 8 12	1940	27	1966 8 12	1940	80	1936 2 9	1901
盛岡	265	1998 8 4	1890	97	1998 8 4	1914	24	1967 8 28	1932	120	1961 1 18	1890
山形	208	1948 7 25	1889	75	1970 8 23	1939	33	1970 8 23	1939	208	1940 11 30	1932
仙台	201	1933 7 26	1897	75	2004 7 18	1940	23	2009 8 2	1940	213	1963 1 31	1927
福島	125	2004 10 20	1889	63	1933 8 13	1903	27	1947 8 17	1937	80	1946 12 11	1892
水戸	245	1945 10 5	1896	78	1997 7 11	1912	26	2004 8 7	1937	49	1998 9 16	1937
宇都宮	357	1947 9 14	1890	101	1937 8 7	1891	26	2001 9 24	1912	—	—	—
前橋	277	1938 8 31	1897	90	1947 8 28	1897	30	1945 5 26	1938	30	1945 5 26	1897
熊谷	277	1938 8 29	1897	82	1947 9 15	1906	32	1945 5 26	1940	36	1959 7 7	1897
東京	371	1958 9 26	1875	101	1911 8 26	1876	25	1944 9 8	1938	—	—	—
さいたま	210	1991 9 19	2008	59	1993 6 21	1976	14	2009 10 8	2008	—	—	—
千葉	260	1996 9 22	1966	71	1975 10 5	1966	28	2009 8 9	1966	—	—	—
横浜	372	1958 8 26	1897	82	1918 8 29	1876	46	1883 8 2	1878	—	—	—
新潟	287	1998 8 4	1887	69	1939 7 31	1886	35	1966 6 7	1940	—	—	—
富山	368	1969 8 11	1939	92	1998 6 20	1940	45	1945 5 26	1940	—	—	—
金沢	369	2004 6 30	1888	113	2003 7 4	1940	29	2003 7 4	1940	10	1987 7 15	1938
福井	427	2004 9 29	1889	118	1946 10 12	1913	30	1946 10 12	1913	49	1987 12 19	1940
甲府	231	1957 6 27	1901	78	1951 2 14	1907	26	1997 8 5	1937	—	—	—
長野	188	1976 9 10	1889	78	1979 9 30	1889	25	1947 2 11	1901	—	—	—
岐阜	264	1976 9 10	1883	78	1944 4 25	1940	24	1969 9 7	1943	—	—	—
静岡	340	1945 2 25	1891	100	1970 7 1	1940	27	1961 7 9	1940	—	—	—
名古屋	340	1904 8 23	1883	79	1987 8 13	1937	74	1994 7 1	1879	—	—	—
津	337	2004 10 20	1941	77	1953 8 16	1908	39	1900 8 5	1889	129	1981 8 23	1890
彦根	211	2004 10 20	1941	77	1953 8 22	1941	19	1953 4 15	1941	30	1937 7 15	1906
京都	211	1935 6 29	1890	88	1935 6 29	1940	19	1984 1 31	1941	—	—	—
大阪	629	1989 9 24	1912	130	1989 9 24	1889	61	1992 9 21	1937	10	1987 1 13	1890
神戸	215	1943 7 23	1890	34	1907 11 22	1890	22	1992 8 21	1937	22	1992 8 21	1916
奈良	444	1908 8 10	1887	82	1933 9 3	1937	29	1948 8 16	1941	15	1997 1 22	1916
和歌山	308	1953 6 25	1890	97	2007 7 12	1937	30	1917 8 30	1894	—	—	—
鳥取	448	1982 7 23	1873	128	1982 7 23	1897	24	1959 7 8	1906	15	1967 7 17	1937
松江	324	1995 8 11	1892	105	1996 8 11	1883	33	1998 10 7	1939	29	1959 1 17	1937
岡山	469	1959 10 16	1890	111	1998 7 17	1900	30	1979 6 11	1941	—	—	—
広島	—	—	1891	—	—	—	—	—	—	—	—	—

* 気象庁発表データをもとに作成。

1: そこまではデータが存在したい、継続記録測定される。